教师文娱活动指南

《"四特"教育系列丛书》编委会　编著

吉林出版集团股份有限公司

全国百佳图书出版单位

图书在版编目 (CIP) 数据

　　教师文娱活动指南/《"四特"教育系列丛书》编委会编著 . —长春：吉林出版集团股份有限公司，2012.4
　　（"四特"教育系列丛书/庄文中等主编 . 教师全方位修炼）
　　ISBN 978-7-5463-8756-7

　　Ⅰ. ①教… Ⅱ. ①四… Ⅲ. ①中小学－教师－文娱活动 Ⅳ . ① G241.3

　　中国版本图书馆 CIP 数据核字（2012）第 045975 号

教师文娱活动指南

JIAOSHI WENYU HUODONG ZHINAN

出 版 人	吴　强
责任编辑	朱子玉　杨　帆
开　　本	690mm×960mm 1/16
字　　数	250 千字
印　　张	13
版　　次	2012 年 4 月第 1 版
印　　次	2023 年 2 月第 3 次印刷

出　　版	吉林出版集团股份有限公司
发　　行	吉林音像出版社有限责任公司
地　　址	长春市南关区福祉大路 5788 号
电　　话	0431-81629667
印　　刷	三河市燕春印务有限公司

ISBN 978-7-5463-8756-7　　　　　　定价：39.80 元

前 言

学校教育是个人一生中所受教育最重要的组成部分，个人在学校里接受计划性的指导，系统地学习文化知识、社会规范、道德准则和价值观念。学校教育从某种意义上讲，决定着个人社会化的水平和性质，是个体社会化的重要基地。知识经济时代要求社会尊师重教，学校教育越来越受重视，在社会中起到举足轻重的作用。

"四特教育系列丛书"以"特定对象、特别对待、特殊方法、特例分析"为宗旨，立足学校教育与管理，理论结合实践，集多位教育界专家、学者及一线校长、教师的教育成果与经验于一体，围绕困扰学校、领导、教师、学生的教育难题，集思广益，多方借鉴，力求全面彻底解决。

本辑为"四特教育系列丛书"之《教师全方位修炼》。

教师的职业是"传道、授业、解惑"，教师的职责是把教学当成自己的终身事业，用爱塔起教育的基石，用自己的学识及人格魅力点燃学生的兴趣，促进学生健康、快乐成长。

俗话说："教师不能半桶水。"学生专业知识水平的高低，在很大程度上受教师知识水平的制约，如果教师在教学中对教材分析不透、对知识重点把握不准、对要点讲解不清，那么学生听过他的课就会产生一种模糊的收获不大的感觉。因此，教师必须知识广博、语言丰富，学生才能学到真正的知识。本书从新世纪、新时代经济和社会发展的要求出发，从理论与实践的结合上，对新世纪教师素质及其修养的一系列问题，做了比较全面、系统、深入的阐述。应当说，这是一项十分有意义的工作。

本辑共20分册，具体有如下内容。

1.《师魂》

教师被人们称为"人类灵魂的工程师"，担负着传授知识、传承文明、培养人才、提高民族素质的光荣任务。教师的最高境界需要"忙人之所闲，闲人之所忙"，从有到无，从无到有；从看教育是教育，到看教育不是教育，再到看教育还是教育，这就是对教育的最大贡献，让人的精神世界有生机、有活力、有智慧。

2.《以礼服人》

作为教师，要正确领会礼仪、礼貌、礼节、仪式和教师礼仪的概念，领会礼仪的地位和作用，掌握教师礼仪的原则、方法，坚持科学发展观，为构建社会主义和谐校园而奋斗。教师的一举手一投足，甚至一颦一笑，都蕴含着教育的力量。本书从教师的个人形象、教师的服饰、教师的语言、师生关系礼仪、教师与家长沟通礼仪、同事共处礼仪、集会礼仪和社会交往礼仪等方面，系统阐述了教师礼仪的一些基本常识。

3.《教师的一生修炼》

本书将重点探讨如下诸方面的理论与实务：职业规划——自我实现的教育生涯、如何设计职业生涯、职业发展规划行动、教师入职与离职规划、新教师角色适应规划、教师专业发展规划、校长成长规则、职场诊断与修炼、潜能开发及享受学习化教育生活等。

4.《育人先做人》

教师是学生智慧的启蒙者、学生未来的引领者。教师的质量决定了教育的质量，教师的品质决定了教育的品位，教师人格的完善能够提升教育的水准。教育职业对教师人格提出了严格的要求：在教师自身的人格教育中不断提升自我、完善人格。人格教育是一生的工作，提升自我、完善人生会伴随一个人一生的历程。

5.《教育语言随心用》

本书内容涵盖了教学语言艺术和教育语言艺术训练的方方面面。从宏观综论到微观剖析，从课堂艺术到辅导艺术，从艺术对话到精彩演讲，从个性张扬到群体发展，从全体教育到特殊教育，质朴无华，内容充实，观点鲜明，为教师深入研究和准确使用教学语言和教育语言提供了可以借鉴的经验。

6.《师者无敌》

本书编写的基本理念是：从内容构架而言，以促进教师对自身职业的理解为基础，以增进教师职业人生的完善为基本目标，以启发、引导的方式来促进教师德性的自主形成；从编写形式而言，力求摆脱单一的理论说教，从当代教师职业生活实际出发，抓住主要问题，采取生动、灵活的语体形式，把精要的论述与典型的事例结合起来，注重该书的可读性。

7.《教师的信仰》

职业精神是教师不可缺失的最本质的东西。一个教师能不能成为好教师，关键是有没有职业道德、有没有职业精神。今天的教育，缺的不是楼房，而是文化与技术；缺的不是理念，而是行为与操作；缺的不是水平，而是责任和精神。教育的希望，在于教师良心的回归、精神家园的重建。只要有了良好的精神状态，我们就有战胜任何困难的勇气，就有奋然前行的动力。

8.《看透学生的心理》

学生的心理困惑从何而来？概括来说就是一"高"一"低"：高，学生是个承载社会、家长高期望值的群体，其自我成才欲望非常强烈；低，学生心理发展尚未成熟，缺乏社会经验，适应能力较差。正是这欲望与不足之间的矛盾造成了学生的心理问题。我们编写了本书，是期望引导教师与青少年学生共同克服这一难题，去打开人生的成功局面。

9.《卓越教师》

突出骨干教师的培训，既是加强中小学教师队伍建设的当务之急，又是提高教师质量的长远之计。本书在编写上提倡以培训学科带头人为目标，以现代教育思想、现代教育技术、特级教师的学术报告及当前教育改革的热点问题为研究内容，源于实践又高于实践，可用作骨干教师的培训教材，也可用于普通教师的自我阅读与提高，以期使教师在较短的时间内达到或接近特级教师的水准，成为学科带头人。

10.《与学生打成一片》

如何做最受学生欢迎的教师，是每个教师都要思考的问题，也是每个教师都希望做到的。学校的课程很多，语文、数学、英语、科学、音乐、美术、体育等，每门学科都有其自身的特点，每个学生都有自己的喜好，我们能真正做到让每个学生都欢迎吗？本书将教会教师怎样靠自己的才能和高尚的品德赢得学生的喜欢和尊重，让每一个教师都能成为受学生欢迎的教师。

11.《培养教师爱岗敬业精神》

本书从教师的角度，阐述了教师爱岗敬业所带来的深刻变化，介绍了爱岗敬业的途径和方法，从勇于负责、乐于服从、热情专注、自动自发、团结协作、勤奋努力、敢于创新、节俭高效等方面，结合大量教育实例和人生哲理，向广大教师提出了爱岗敬业的崇高理念和修炼方法，期盼每一个教师都能从中受益。

12.《教师职业道德与素质培养》

当前，各级教育行政部门和社会各界都非常关注师德建设，师德教育已经被列为教师继续教育的重要内容之一。本书以专题研究为主线，以典型的案例及案例分析为依托，从教师工作、生活实际出发设置情境、提出问题，突出师德教育的操作性和实效性。本书将适应新世纪对教师职业道德建设的需求，本书也适用于在校师范生及申请教师资格者学习。

13.《教师怎样提升教学质量》

每位教师的心里都有一个美好的心愿，那就是都想使自己的教学质量得到最大程度的提高。众所周知，教学质量是一个学校的生命线，如何提高教学质量是我们每一位教师时刻都在研究、都想努力做好的一件事。要让教育不平凡，出路就在于能突破平常的平庸局面。优秀的教师会善于用智慧慢慢凿开通向教育风景的出口。

14.《教师快乐工作指导》

教师工作细致而烦琐，教师不仅要组织好各种教育教学活动，还要保证学生的身心安全。长期的忙碌、精神高度集中，教师容易产生麻木、倦怠、疲劳的职业状态。为使教师消除职业倦怠，学会快乐地生活、愉快地工作，需要多渠道支持教师进入积极健康的工作和生活状态，从心理、物质和精神上给予教师帮助和支持，让教师感受到集体的关怀和温暖。

15.《教师工作减压指导》

做教师很累，这已经是所有中小学教师共同的感受。中小学教师劳动强度很大，长此以往，就很容易使教师患上疲劳综合症，对身体健康产生不利影响，对教育的可持续发展和教师队伍的稳定十分有害。中小学教师的过劳问题应当引起政府有关部门的高度重视，以人为本的科学发展观要落到实处，不要仅仅停留在口头上。作为教师，我们不要只等待有关部门的措施，必须想方设法给自己"减压"，以防被疲劳综合症缠身。

16.《教师文娱活动指南》

与家人、朋友一起开开心心消费课外时间与星期天，使身心从工作中彻底解脱出来，得到完整的休整，全面地恢复。要知道工作是永远干不完的，是没有最好的。我们需要多看到一些明天的太阳，让照亮别人的蜡烛燃烧得时间更久、更久……

17.《教师心理健康指南》

随着竞争愈来愈激烈，教师的工作节奏日趋紧张，精神上容易产生巨大压力，精神上和身体上的超负荷状态对健康是非常不利的。如果不注意休息和调节，中枢神经系统持续处于紧张状态，久而久之会导致交感神经兴奋增强、内分泌功能紊乱，产生各种身心疾病。本书力图从教师职业发展的实际需求出发，注重必要的理论引领与生动的案例分析相结合，突出专业性、应用性、操作性、可读性，可为广大中小学教师培训、自学提供借鉴，也可为高校相关专业学生的学习、研究提供参考。

18.《教师怎样进行教学改革创新》

立足素质教育的学理，探析课堂教学的变革，反思课堂教学实践，重新审视素质教育理论，本书在实践和理论的互动中探讨我国教育的现实与未来。

19.《从历代名著中学习教育思想》

撷取世界知名教育家在世界教育史上具有重大影响和学习价值的教育名著进行选读。每位教育家及其著作均有作者简介、成书背景、内容精要、名著选读等内容。本书结合这些教育名家的成长经历，阐述了不同名著的理论内容和实践特色，批判继承了中外历史上进步的教育思想，对于提高读者的教育理论素养、提升教育工作者的教学水平和创新能力具有一定的借鉴意义。

20.《向教育名家学习教育智慧》

本书着重介绍当代教育家的教育思想。中国是一个教育大国，理应对全人类的教育做出自己的贡献。在两千多年的历史文明进程中，中国也确实不断为世界教育的进步贡献着自己的教育思想、教育制度和教育智慧。中华人民共和国成立以来，尤其是改革开放以来，中国教育发生了深刻变化，取得巨大成就，同时也不断涌现新的教育思想、新的改革成就和新时代的教育家。我国一大批教育专家学者上下求索、大胆实践，为教育发展出谋划策，为教育改革殚精竭虑。他们的学术思想和教育实践直接推动了我国的教育改革与发展，并将对今后的教育实践与研究继续产生深刻影响。

由于时间、经验的关系，本书在编写等方面，必定存在不足和错误之处，衷心希望各界读者、一线教师及教育界人士批评指正。

编者

目 录

百年大计，教育为本。作为大计的实践者，教师的身体健康与否，会直接影响教学工作的完成和教学质量的提高。为了使教师有一个健康的身体和一份美丽的心情，学校应积极创造条件，让教师每周有一定的时间参加文化娱乐活动，以强健体魄、愉悦身心、丰富精神世界、提升生活品位。

本书精选出包括"娱乐竞赛""闯关竞赛""趣味表演""协作训练""互助训练""记忆大战""观察竞技"和"障碍自救"八个大类数十余种趣味体育竞赛的内容汇总到一起，作为各级学校组织趣味体育活动的参考。

第一章　娱乐竞赛

1. 赛"龙舟"

【参赛人数】

每队 4 人，每 2 个队为 1 个比赛组。

【比赛道具】

红色布条若干。

【竞赛方法】

将竞赛者分成几队，每队竞赛者竖排一行，头扎红色布条，面向前蹲下，两手分别扶住前面一个竞赛者的腰。比赛开始，竞赛者同心协力蹲着前进，竞赛当中不能松手，队伍自始至终不能有断队现象，最快到达终点的一队为胜利。

【竞赛规则】

必须蹲下前进，不得断队。

2. 泼水节

【参赛人数】

每次比赛有 2 队参加，每队 5 人（3 男 2 女）。

【比赛道具】

（1）选择一个 30 平方米的草地或水泥地进行竞赛。

（2）10 双特制的大靴子。大靴子尺寸如下：靴长 40 厘米、靴宽 20 厘米、靴高 50 厘米、靴筒直径 30 厘米。可使用细钢丝扎制成大靴子的骨架。再在靴子里面裱糊两层，第一层为帆布，第二层为塑料布，使用乳胶作为粘合剂。里面第一层帆布与靴子外面的第一层帆布，可以用针线缝连，以增加坚韧度。靴子外面再裱糊六层，一层帆布一层塑料布间隔进行。最外层涂刷一层黑色油漆，待油漆干后，刷一层罩光漆或者清漆。

（3）10 个大小一样的洗脸盆。

（4）两口大缸，盛满水，每队一口。

【竞赛方法】

两队 10 名队员，人人脚穿一双特制的大靴子，手端洗脸盆，里面盛有清水。各队的水缸要放置在场地的两端，队员只能取本队水缸中的水，否则算犯规。比赛开始，双方相互泼水，尽量把水泼进对方的大靴子中，如有人滑倒，无论有意无意，一律算犯规。比赛上半场为 10 分钟（5 分钟也可以，要视情节而定）。下半场，双方队员各自集中到己方水缸旁边。裁判一声令下，双方队员尽可能快地跑向对方的水缸旁，如有人跌倒，算为犯规。跑到水缸边，将靴中水倒入缸中，5 名队员全部倒完为结束。以时间长短决定名次，然后再计算小分，最终定出优胜者。

【竞赛规则】

第一名 10 分，第二名 8 分，跌倒一次扣 1 分。双方队员不许接触、碰撞，造成他人跌倒，否则扣肇事方 1 分。

3. 鲤鱼跳龙门

【参赛人数】

每组参赛队由 5 人组成，每次 3 组。

【比赛道具】

（1）选择一处条件较优越的开阔水域（游泳池也可）约 400 平方米面积，水深以 1.5 米为宜。周围标以醒目的标志线。

（2）竞赛服装以鲜艳的民族服装为好，紧身，佐以喜庆吉祥的鲤鱼图案。在起点线至"龙门"处的水面，安置 10 个彩绘、9 个聚乙稀泡沫图板，每个直径为 80 厘米，厚 20 厘米，可用线穿起，要求不在一条直线，中间可错开。在距起点线 10 米处设置一座"龙门"。"龙门"以两根长 2.5 厘米的合金铝棍矗立水中，中间连一条色彩艳丽的绳子。以上各为 3 组。

（3）秒表 3 只，哨子 1 只，小红旗 1 把。

【竞赛方法】

（1）准备阶段。15 位选手身着服装，立于起点线。竞赛时，每组选手须等本组上一位选手跳过"龙门"（如掉入水中，按失败计算）

方可进行比赛。

（2）竞赛阶段。指挥员哨声响过，每组 1 名参赛队员开始向"龙门"冲刺。必须踩着水面的泡沫圆盘向前跑，不一定每只圆盘都要踩到，直到跳到最后一只圆盘，方可翻过"龙门"，第二位选手见第一位选手确已跳过"龙门"，可接着进行比赛，直到本组选手全部跳过"龙门"，比赛方可结束。

【竞赛规则】

以所用时间最短一组为第一名，以此类推，最后决出总分名次。凡比赛中掉入水中的队员均不扣总分，但需从水中回到起点线，继续参加比赛，如参赛队员无一掉入水中，全部顺利跳过"龙门"，应给该队附加分。例如，第一名为 *100* 分，应变为 *110* 分。分数按如下方法分配：第一名为 *100* 分，第二名为 *80* 分，第三名为 *70* 分，第四名为 *50* 分，第五名为 *40* 分，第六名为 *30* 分。

4. 快乐的星期天

【参赛人数】

每小组 *3* 人，每 *4* 个小组为 *1* 个比赛组。

【比赛道具】

（1）选择一片开阔的草地（平地亦可），有一条河可以划船（小湖、游泳池亦可）。草地约 *200* 米长、*10* 米宽即可。河面宽度可同时容纳 *4* 条小船并列出发。

（2）红、黄、蓝、白 *4* 种颜色的小棋子备 *100* 粒。

（3）装棋子的小布袋 *4* 只，发给每个小组。

（4）独木桥 *4* 座，也可以用平衡木代替（亦可用砖块码成）。长度以 5～6 米为宜。小船 5 条，4 条比赛用，一条裁判用。

（5）划船用桨 10 把。

（6）泡沫塑料块制作的莲蓬 20 个。莲蓬呈圆锥形，大圆直径为 0.8 米、高 0.4 米。使用泡沫塑料制作，将泡沫塑料用乳胶黏合成高 0.4 米、宽 0.8 米的长方形，用刀切削成莲蓬形状。使用化学糨糊搅和石膏粉（掺一定的水）刮抹在莲蓬表面，待干透后，刷上深绿色油漆，圆面上用墨绿油漆勾勒几个莲子外形就可以了。

（7）泡沫塑料制作的骰子 1 个。使用泡沫塑料、乳胶、化学糨糊、石膏粉。只是尺寸要求不一样。骰子为 0.6 米的正方体，漆成白色，上面使用两种颜色写字：前进使用红色，后退使用黑色。制作方法如莲蓬的制作方法。

【竞赛方法】

（1）裁判宣布开始，哨响时，4 个小组同时出发。

（2）过草地。首先通过一片开阔的草地，草地上事先在每一条道路上撒下 100 粒小棋子。每小组只许捡自己道路上的棋子，既要求拾得多，又要求走得快，并不要求 100 粒棋子全部捡回。小棋子要装进小布袋中，走过草地时，丢到终点的地上，由裁判收口并点数。

（3）过独木桥。要求每个队员都单脚过桥，不许双脚落在桥面，也不许换脚。

（4）采"莲"过河。在小河边停靠 4 条小船，每条船上有两把桨，河面漂浮着一些泡沫塑料制作的"莲蓬"。以每小组采"莲"数量多和渡河速度快为竞赛目的。

（5）掷骰子竞走。在渡河终点至竞赛活动终点之间，有 4 条跑道，长 20 米，宽 2 米，上面画满长 0.25 米的格子，计 80 格。每个小组有一个大骰子，骰子 6 个面分别有如下字样：前进 5、前进 10、前进 15、倒退 2、倒退 4、倒退 6。

（6）每小组3人，一人跳格，两人抛接骰子。抛接骰子的两人要相距5米，甲抛乙接，不能调换。每抛完一次，须乙将骰子送到甲处，再抛，如乙不能接住，骰子落地，须送至甲处，再抛。乙两手接骰子，骰子朝天的一面的数字，为跳格人跳格的数字。先到达终点的为第一。

【竞赛规则】

（1）过草地，总分10分。捡棋子5分，速度5分。每10粒为0.5分。速度按名次计分，第一名5分，第二名4分，第三名3分，第四名2分。

（2）过独木桥，基础分5分。只要3人能按要求通过独木桥，即得基础分，但必须3人3脚同时过桥。多一只脚着地一次，扣0.5分。从桥上落下一次扣一分。给每个小组计时，需按名次计分：第一名5分，第二名4分，第三名3分，第四名2分。

（3）采"莲"过河，共10分，采"莲"为5分，速度为5分。一个"莲蓬"1分，采5个"莲蓬"得基础分5分，少采一个扣1分，多采一个加1分。计时分如前。

（4）掷骰子竞走。以到达终点的名次计分，第一名5分，以此类推。

（5）最后评分。按每个小组在4次活动中获得的分数高低决定名次。

5. 夺"宝"拉人

【参赛人数】

每小组5人，分2个队对决。

【比赛道具】

在场地上画两条相距8～10米的平行线，中间画5～10个直径 2 米的圆圈，每个圈内放一个球。

【竞赛方法】

将竞赛者分成人数相等的两队，成横队面对面站在两边线后。竞赛开始，每个圆圈内两队各站一人，两人将球抱好。组织者发令后，双方尽力把球夺到手中，或把对方拉出圈外。先夺到球或把对方拉出圈的得 1 分。然后换另外两人参加比赛，最后以积分多的队为胜。

【竞赛规则】

发令后方可开始夺球。不能放开球拉人、推人，或有意松开手、顺势绊倒对方。必须始终在各自的赛道内前行，步入他道或影响他道选手的行为，均应视为违例，成绩无效。

6. 拉和拍

【参赛人数】

每队 6～7 人，分 2 队进行比赛。

【比赛道具】

在平坦的空地上，画 3 个同心圆。小圆直径是 2 米，中圆直径是 4 米，大圆直径是 6 米。参加竞赛的人分成人数相等的两队，每队 6～7 人。抽签决定一队做"拍的人"，站在小圆与中圆之间，一队做"拉的人"，站在大圆的外面。

【竞赛方法】

竞赛开始后，"拍的人"竭力用手去拍"拉的人"的腿部，而同时，"拉的人"要去握住"拍的人"的手，把他拖到大圆外面。如果"拍的人"能把对方都拍着，也就是把对方都关进小圆，拍的一队就获胜。相反，要是"拉的人"把对方都拉出大圆，那么胜利就属于拉的一队。

【竞赛规则】

要是"拍的人"被拖出去，他要站在外面，不参加竞赛，等待自己人来救他；如果"拉的人"的腿部被拍到了，他就要站到小圆里去，也要等待自己人来救他。救人者只要用手触到被救的人，就算把他救出。

7. 开动火车

【参赛人数】

每次比赛有 2 队参加，每队 5 人。

【比赛道具】

画一个长方形。把竞赛者分成人数相等的两队，分别排成纵队，站在长方形的两端。各个队员把自己的左脚伸向前面队员垂下的左手，前面队员垂直下放的左手腕扣住后面队员伸来的脚，右手搭在前面队员的肩上。排首不伸脚，排尾不用手腕扣住脚。这样，齐心合力扮成一列"火车"。事先规定比赛距离。

【竞赛方法】

当听到口令时，各队向前跳动，排首可走步，以"车头"先到达规定终点的一组为胜。

【竞赛规则】

如碰到"车箱脱节"相撞，必须在原地接好后才能前进。"火车"完整到达终点，才能计成绩。

8. 骑兵迎战

【参赛人数】

把竞赛者分成人数相等的 2 队。每 3 人一组。

【比赛道具】

在篮球场两端与端线相隔 2 米处各画一条横线做"骑兵营"。第一人站立；第二人体前屈两手搂住前面人的腰部，形成"一匹马"；第三人骑在第二人背上做"骑兵"，在"骑兵"的领子后塞一条彩带。

【竞赛方法】

"开始"口令后，双方的"骑兵"迅速冲出"兵营"，到"战场"中间交战，设法夺取对方的彩带，夺到彩带后。迅速退回自己的"兵营"，先到者得 1 分。

【竞赛规则】

在比赛过程中，不得推拉。退回"兵营"时，双方可追击，再设法将彩带夺回或夺取对方的彩带，但对方进入"兵营"后不得交战。

9. 手推小车

【参赛人数】

将竞赛者分成 2 队，每队 2 人。

【比赛道具】

在竞赛场上画两条相距 10 米左右的平行线，称作"起点线"和"终点线"。一组前后站立，前者俯撑，后者抬起前者的两腿，排列在起点线后。

【竞赛方法】

发令后，俯撑者用手交替移动前进至终点线，然后两人交换归队。首先全部完成动作的一队为胜。

【竞赛规则】

抬腿脱落者要重新开始。

10. 猫跳赛

【参赛人数】

每队5人，分2队比赛。

【比赛道具】

根据距离长短在竞赛场上每隔一定距离放上70厘米高的硬板凳数个。将竞赛者分成人数相等的2组，成纵队站在横线之后。

【竞赛方法】

当发令者发令后，各组的第一人立即跳上硬板凳再向前迅速跳下。等跳完最后一个板凳后，立即返回横线击第二人的手掌，然后排至排尾。第二人开始跳动。依次进行，直到全组完成。

以先完成的组为胜。

【竞赛规则】

撞倒板凳者须重新开始。

第二章　闯关竞赛

1. 闯三关

【参赛人数】

竞赛者每 2 人一组，成 2 路纵队站立。

【比赛道具】

长绳 3 根。

【竞赛方法】

选出 3 对摇绳者，保持一定间隔，按同一节奏摇绳。组织者发出"开始"的信号后，2 人拉手跑过 3 根摇动的长绳，顺利通过 3 关者为优胜，碰绳者应与摇绳者互换。

【竞赛规则】

摇绳人不得任意加快或减慢摇绳的速度，必须按照规定的间隙"闯关"。

2. 夺球追赶

【参赛人数】

人数不限。

【比赛道具】

在篮球场上，竞赛者除一人做跑者外，其余每人持 1 个篮球，面向外部围成一个圈。

【竞赛方法】

一个人沿圈外逆时针方向奔跑，跑者可随时乘持球人不备从其手上抢夺球，然后继续奔跑。被抢人立即追赶，在到原位之前追上逃者得 1 分，如未追上，被追者占据追者空位，则追者改为抢球者。

【竞赛规则】

（1）持球人单手平托球。

（2）夺球人或追球人都按逆时针方向奔跑，奔跑时不得离圈 1 米以外。

（3）用手碰到抢球人身体即为追上。

（4）不能有拍、推等危险动作。

3. 水中障碍接力

【参赛人数】

参赛人数 10 人，将竞赛者分成人数相等的 2 队，各自排成 1 路纵队。

【比赛道具】

两队相隔 3～4 米，平行站着。接力赛程上设置一些不同的障碍物：救生圈或汽车内胎、大木头、网、小船等。比赛地点要预先仔细检查有无暗石、树桩、杂物等，以免发生意外。

【竞赛方法】

哨声响后，两队的第一人出发游到指定的地点后再游回。竞赛者要爬过这些障碍或从这些东西下面潜泳过去。第一人游到原处后，第二人方可出发。

【竞赛规则】

所有的竞赛者都要依次在指定距离中来回游一次。

4.迷 宫

【参赛人数】

每队 3 人或 4 人，分 2 队。

【比赛道具】

（1）先选一个人做"逃的人"，一个人做"追的人"，分别站到队列的两头。其余的人排成几路纵队，每人侧平举手。每个人之间前后左右的距离都等于两只伸直的手臂的长度。

（2）预先讲定竞赛规则：每发一次信号（喊口令或吹哨子），大家向右转 90 度，仍旧侧平举手。

【竞赛方法】

裁判员叫大家牵起手来开始竞赛。他不时发信号，竞赛者就不时向右转，使队伍间"走廊"的方向变幻莫测，好像成了一座迷宫。这时"逃的人"在队列间逃跑，"追的人"在后面追赶，后者尽量捉到前者（拍到就算捉到）。要是"逃的人"被"追的人"拍到了，两人就互换角色。等到新的"追的人"拍到"逃的人"以后，就另外选出两个人来做这个竞赛，原来的两个人站到空出的位置上。

【竞赛规则】

注意在比赛时，"逃的人"和"追的人"只可在队列之间跑来跑去，不可从竞赛者的手臂下钻过去，也不得拉开他们牵着的手。

14

5. "全部"和"一部"

【参赛人数】

8～12人。

【比赛道具】

参加竞赛者站成一个圆圈。选出的"带头人"拿一个球，站在圆圈中央。

【竞赛方法】

带头人把球掷给任何人，掷球时要喊某种物品的一个部分的名称。接球者一面接球，一面立刻说出跟带头人说的名称有关系的物品。若说错了，或接到了球才补说物品的名称，都算失败者。失败者举起一只手臂，暂时停止游戏。过一会儿，带头人又把球掷给他，若他这次答对了，就可放下手臂，继续竞赛。

【竞赛规则】

从未举过手的人就是优胜者。

6. 绕线前进

【参赛人数】

8～12人，将竞赛者分成人数相等的2个队，站在起点线后。

【比赛道具】

画两个2米左右的圆圈，两圈之间的距离应大于1.5米。每个圆圈的边线上放 8 根小木柱、2 个实心球。

【竞赛方法】

竞赛开始，排首跑出起点线，手推实心球前进，并绕过每根小木柱返回起点线。

【竞赛规则】

如果小木柱被撞倒，应扶起后继续进行竞赛。然后将球交给第二个竞赛者，自己回排尾站好。依次进行。

以倒下木柱次数少、完成速度快的队为优胜者。

7. 全能运动员

【参赛人数】

10 ~ 20，将竞赛者分成人数相等的几个队。

【比赛道具】

竞赛者成纵队排在篮球场的一头端线上，排首各捧篮球 1 只。篮球场上布置好低栏、体操凳、垫子等，也可以用其他物体代替。

【竞赛方法】

发令后，排首的竞赛者向前起跑，钻过 2 个低栏，走过体操凳，在垫子上连续做 2 个前滚翻，随后站在罚球线上投篮。投中者跑回起点线将球交给下一个竞赛者，依次进行。

【竞赛规则】

在规定的时间内，以失误少、完成好的队为胜。

8. 双脚跳绳接力赛

【参赛人数】

10～20人，将竞赛者分成人数相等的2队。

【比赛道具】

跳绳若干，1块篮球场。

【竞赛方法】

2队分别成纵队站在篮球场的端线外，排头持绳做好准备。听到
"出发"口令后，双脚跳绳到前场端线然后返回，把绳交给第二名队员，
第二名队员按同样方法进行。两组都做完后，以速度快慢分胜负。

【竞赛规则】

只许双脚跳，不许单脚跳，交绳必须在端线以外。

9. 看谁踢得多

【参赛人数】

8～10人，每2人为1组。

【比赛道具】

根据人数画若干直径为2米的圆，每2人1条链子。

【竞赛方法】

将竞赛者分为每2人一组，其中一人站于圆圈内，按规定的踢
毽子方法，听信号开始连续踢毽子，直到中断为止，再交给另一人进

圆圈踢，看谁踢得多，多者为胜。

【竞赛规则】

以连续计踢数，失误一次为中止；必须在圆圈内踢，出圆圈判为中止；必须按规定动作踢。

10. 传踢毽

【参赛人数】

8 ～ 16 人，分成若干组。

【比赛道具】

画圆若干，每组 *1* 个圆，每个圆中备 *1* 只毽子。

【竞赛方法】

将竞赛者分成若干组，每组选一人站于圆心，其他人分散站于圆上。听信号开始，圆内人将毽子踢给圆上某个队员，队员将毽子再踢还给他，他再把毽子踢给相邻的队员，按规定顺序和方向连续往返踢毽子，在规定时间内连续踢得多者为胜。

【竞赛规则】

圆圈内人依次向圆上竞赛者传踢，中间不能空人不传。自选踢毽方法，毽子落地一次为结束。

第三章　趣味表演

1. 秘密指令

【参赛人数】

6～12人，分成2队。

【比赛道具】

（1）野外场地。

（2）野营装备：地图、帐篷、锅灶、蔬菜、食物等。

【竞赛方法】

主持人发给各队一只信封，拿到后各自来到比较僻静的地方，打开研究，里面是一堆硬纸块，每块上面写一个字，要求拼出一句完整的句子，拼出了即可按指令执行。

指令举例：请跑步到竞赛处，领取一套野营装备，然后根据地图和路标，通过几个规定的障碍，来到营地，架起帐篷，支起锅灶，再根据营地提供的食物，做出一顿可口的饭菜。最后打扫干净，钻进帐篷睡觉。

【竞赛规则】

必须严格按指令行动。

2. 漫游太空

【参赛人数】

24 ~ 36 人，分成 2 队或 3 队。

【比赛道具】

户外草地。

【竞赛方法】

每队 12 人，面向圆心围成一圈坐下，双脚合拢伸向圆心。先推选一人站在圈中间，闭上眼睛，全身放松，幻想自己正处于太空失重状态，以双脚为支点向任何方向倒下。当他要倒下时，周围的人应把失重的他推向另一方向，使他不倒在地上，能在圈中自由摆动，感觉舒服并产生漫游太空的感觉。每人轮流尝试一次，熟练后，圆圈可加大，增强乐趣。

【竞赛规则】

圈中人倒地，竞赛终止。

3. 信任背摔

【参赛人数】

10 人以上，分为 2 队。

【比赛道具】

（1）背摔台一个，约 150 厘米高。

（2）捆手布 2 ~ 3 条，约 60 厘米长。

（3）体操垫一块。

【竞赛方法】

小组队员为 15 人时，约需 70 分钟。

【项目布置】

（1）集合队员，介绍项目。

（2）说明活动要求：队员轮流站于高台上双手握于胸前，直立背向台下倒下，台下由全体队员保护其安全。

（3）挑选 10 ～ 12 名下方保护人员，摆成保护姿势。要求一对一地面对面排列，双臂向前平举，掌心向上，伸到对面队员胸前，形成人的手臂垫。说明：腿要成弓箭步，队员倒下去注意手臂用力，抬头看着倒下的队员。将倒下队员接住后，用"放腿抬肩法"将队员平稳放下。开始之前，主持人应先用身体下压队员手臂，让队员感受到重量并表现出足够的托力。

（4）说明上下呼应口令。

①台上队员大声问下面："准备好了没有？"

②台下队员齐声同答："准备好了！"

③台上队员听到同应后，大声喊："一、二、三！"

④台上队员直挺身体向后倒下。

（5）主持人站在台上，用捆手布将队员的手捆住后，用手抓住捆手布，从捆上布条至喊完口号前主持人必须用手握住布条，以防队员突然倒下。主持人站在队员身侧，提醒下面队员注意后，可以开始让所有队员按顺序完成该项目。

【竞赛规则】

（1）要求全体队员摘去手表、胸针、发卡、眼镜等可能造成伤害的物品。

（2）第一位背摔者可由队员自报，但要确定一位体重较轻的人进行第一次背摔，体重大的人应放在中间做，并可适当增加保护人数。

（3）有心脏病、脑血管病、高血压及严重腰伤者不能参加。

（4）背摔台的四脚应稳同结实。

（5）要注意台面木板是否结实。

（6）防止台上队员倒下时将主持人同时拉下。

（7）主持人在台上后移时注意防止摔下。

（8）主持人要检查背摔者身上是否有硬物等危险物品。

（9）未经上下口令呼应时不得操作。

（10）下方保护队员接住上方队员后不得将其抛起。

（11）禁止将接住的队员顺势平放在地上。

4.飞　镖

【参赛人数】

人数不限。

【比赛道具】

飞镖。

【竞赛方法】

要根据镖体上的厚薄方向投掷：如果左厚右薄，应以顺时针方向抛出；若右厚左薄，则应逆时针方向抛出。握飞镖方法为：手抓住飞镖的翼端，镖体放平，不要倾斜。投飞镖时，应利用手臂甩动带动手腕投出，肩、肘、腕部均要放松。

飞镖投出后，会飞出圆弧形的轨迹。如果用力得当，可以飞回投掷处，投镖者可以用手接住。飞镖可以单人玩，也可以多人玩。多人玩法有两种：一种是投镖人不接镖，接镖人不投镖；另一种是先在飞镖上涂上各种颜色，投出自己的镖后，去接别人投出的镖，别人也投出他们的镖，让规定好的其他人接。

【竞赛规则】

飞镖比赛项目可分单人赛和团体赛两种。

单人赛得分指标有以下两种。

（1）飞镖出手后在空中的运动时间长短。时间越长，得的分值越高。

（2）飞镖能否准确无误地回到投镖者手中。以能收回为胜。

团体赛可以按如下方式进行。每组规定若干人员参赛，每个参赛者编上颜色，这表示他该接这种颜色的飞镖。接对的加正分，接不到的为零分，接错颜色的加负分。比赛按组轮流进行，一组比赛下来，裁判员统计得分，并记录在案。然后，其他组开始比赛。比赛结束后，按各组成绩列出名次。

5. 飞 碟

【参赛人数】

人数不限。

【比赛道具】

飞碟。

【竞赛方法】

为使飞碟飞得远、飞得稳，必须把碟口朝下，水平放置，用大拇指抵住碟底，其他四指托住碟口内壁，身体扭转成一定角度，利用腰部、手臂和手腕的力量，将飞碟抛出。

　　为平稳地接住飞碟，应看清飞碟飞来的位置，手臂伸上去抓住飞碟的边缘，抓住后手臂仍应顺势收同。接飞碟的时间要掌握好，不能太早或太晚。

　　飞碟一般可以双人玩和多人玩。

　　双人玩法有两种：

　　（1）两人合用 1 只飞碟，各自隔开一定距离，甲投乙接，再乙投甲接；

　　（2）甲乙两人各自手持 1 只飞碟，同时投向对方，让对方接住，同时也要接住对方投来的飞碟。

　　多人玩法也有两种：

　　（1）合用 1 只飞碟，游玩者散开，在一定范围内，当飞碟接近其中一个人时，这个人就必须接住它；

　　（2）当投碟人投出时，喊出一个人的名字，这个人就要根据飞碟飞行的方向，疾跑到预计到达的地方去接飞碟，再接着抛给其他人。

　　【竞赛规则】

　　飞碟比赛可分双人赛和团体赛。以在规定的时间内接住飞碟的多少排名次。

6. 魔　靶

　　【参赛人数】

　　人数不限。

　　【比赛道具】

　　准备好枪和子弹、掷镖、魔球和靶板。

【竞赛方法】

魔靶是一种投掷性质的竞赛，其动作要领与投镖等相似。

【竞赛规则】

（1）计分法：让参赛者站在离靶板若干米以外的规定地点，给相同数量的子弹、掷镖或魔球，让他们轮番射击、投掷，记下每人的总分数，以累计总分最高者为胜。

（2）计时计分法：和计分法基本相同，另外增加一项规定时间。若超过规定时间没有用完子弹、掷镖、魔球的，均算作弃权。

7. 陀 螺

【参赛人数】

人数不限。

【比赛道具】

组织者准备好陀螺、细绳各若干。

【竞赛方法】

（1）旋转陀螺可以用手搓，也可以用细绳裹住甩。但不管用什么方法，动作都要敏捷、平稳、有力。

（2）抽打陀螺时，应该让细绳的前端抽打在陀螺的中间偏上一点。若抽得不准，反而会破坏陀螺原先的转动。

【竞赛规则】

（1）计时法。让参赛者各自手持陀螺 1 只、细绳 1 根。裁判宣布开始后，每位参赛者必须立即转动陀螺，并及时不断地抽打。如果超过 2 秒后，参赛者仍手持陀螺，应判为输。若发现陀螺已停止转动，也应判为失败。让陀螺转动的时间越长者，成绩越佳。

（2）移动位置法。组织者在比赛场地上事先用白粉画2个大圆圈，直径为2米左右，圆圈间隔4至5米。比赛开始时，参赛者均站在一个圆圈里。当裁判下令比赛开始，参赛者开始抽打陀螺。陀螺必须在保持不停地转动的同时，还要往另一个圈移动。等陀螺进入另一个圈后，再返回原来的圆圈。以规定时间内往返次数最多者获胜。

8. 归队球

【参赛人数】

20～30人，分成两队。

【比赛道具】

准备大皮球若干个。

【竞赛方法】

用大皮球投掷圈内的人，被掷中者退出圆圈，退出者在圈外阻止其他人投掷，并设法夺取其球，以求得归队的机会。

圈内的人如能用头顶着圈外人投来的空中球或地上的反弹球，可以叫一个已出圈的人归队；每顶一次，归队一人；多顶多归，一直到球落地为止。

如果球停在圆圈内，裁判员则宣布"无效球"，由圈内的人用脚将球拨给圈外人。

圈外的人只要不踏及圆周，可以接取或钩打圈内的球。

【竞赛规则】

此竞赛10分钟为一局，然后两队互换角色继续进行。

每局结束要计算成绩。没有归队的人数，每人计失1分，失分多的一队为败。

每次比赛进行 *4* 局或 *2* 局都可以。

9. 夺球之战

【参赛人数】

20 人，分为 *4* 组。

【比赛道具】

在场地上画一条起点线，让竞赛者排成一列横队站在线后，从排头开始 *1 ～ 4* 报数，并按报数先后分为 *4* 组依次排列。在起点线前画一个 *1* 米左右的小圆圈，选出一个引导人手持 *1* 个小足球站在圆内。

【竞赛方法】

由引导人将球踢向前方，这时随意叫一个号，如叫"*3*"号，则 *4* 个组的 *3* 号人员都全力以赴跑去追球。

【竞赛规则】

在追球时，竞赛者不准用手推拉人，要用脚带球把球带回，如把球踢向起点线则视为无效。谁把球带回起点线，谁就为该组争得 *1* 分。

最终以得分多的组为胜。

10. 地滚球接力赛

【参赛人数】

9 ～ 20 人，分成 *3 ～ 4* 组。

【比赛道具】

选择一个排球场或根据人数的多少画一个长方形的场地，端线设有 3～4 个区域，底线放上 3～4 个实心球。把竞赛者分成人数相等的 3～4 组，各组以纵队站立在端线后，每组的排首两手各持一球（排球或篮球）。

【竞赛方法】

各组队员用双手各滚一个球前进，从端线滚到接近底线处绕过实心球后返回端线，把球交给下一个队员后站立至排尾。接球的队员以同样的方法滚球。

【竞赛规则】

滚球者在没有返回端线时，第二人不能跑出端线迎球。竞赛者运球的双手不得离开球，必须摸着球边滚动前进，直到各队队员全部做完为止。

以先完成的一队为优胜者。

第四章 协作训练

1. 舞龙头

【参赛人数】

8～12 人。

【比赛道具】

一块场地。

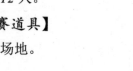

【竞赛方法】

通过抽签，决定活动的先后次序。由一名队员当"龙头"，其他队员都排在他后面成一路纵队。活动开始，主持人播放音乐，"龙头"按节奏踏步前进，大家尾随。接着，他做各种各样引人发笑的动作，如鸭子步、熊走、猫行、孙悟空、猪八戒、醉汉、老头儿老婆儿赶集，或者冲锋、投弹、游泳、滑冰、开摩托车等，后面的队员要跟着"龙头"模仿，并且招手不断地邀请观众。观众来了兴致，也可以加入欢快的行列。

【竞赛规则】

一旦"龙头"想不出新动作、重复已做过的动作或者长时间不变化动作，即为淘汰。接着换下一位队员当"龙头"，活动重新开始。创新变化动作多者名次排在前列。

2. 移动火车

【参赛人数】

8~12人。

【比赛道具】

平坦场地。

【竞赛方法】

先选一人做裁判员，将参赛者分成两队。若参加人数多，可多分几队，或举行接力比赛。画终点线与起点线。每队后面的人，双手扶在前面人的肩上或腰上，扮成一列"火车"，队首两人叉腰，站在起点线的后面。裁判员一声令下，两"火车"便可由起点线出发，向终点线行进。

【竞赛规则】

在途中，个人不可将手放下，必须保持原来的姿势竞走。哪列"火车"竞走得最快，而又没有脱节或出轨的算作优胜者。

3. 龙舟竞赛

【参赛人数】

10～20人，分成2队。

【比赛道具】

将2根长竹竿平行地放在地上，竹竿的长度可根据人数来决定。在2根长竹竿的两端，放2根短竹竿。短竹竿的尺寸，可略大于肩宽。短竹竿和长竹竿垂直，用细绳绑好，就成了一艘龙舟。做两艘同样的龙舟，放在起点线的后面。起线和终点都用白粉画上一道线，中间的距离为10～14米。

【竞赛方法】

参加竞赛的人数至少要10个人，平均分成2队，每队排成单行纵队，每队的队首站在起点线，面向终点线，根据龙舟的容量，每次由4人、6人或8人同时来划舟竞渡。

听到"开始"的口令后，两艘龙舟同时向终点线竞渡。每个人只可用一只手捏住竹竿，另一只手规定要做划船的样子。注意在竞渡的时候，步伐要一致，事先每队可拟好"左右左"或"一二一"的喊声，使动作一致。到了终点线后，要急速转身，将龙舟划回起点线的后面，并将龙舟交给下一班，继续竞渡。

以最先竞渡完毕的一队为胜。

【竞赛规则】

不按规定动作操作者判输。

4. 小鸭走路

【参赛人数】

20 ～ 40 人，每队 5 ～ 7 人，分为若干队。

【比赛道具】

排球场地。

【竞赛方法】

选半个排球场，把端线和中线分别作为起点线和终点线。各队在开始竞赛的时候排成一路纵队，由第一人坐在第二人的脚背上，第二人坐在第三人的脚背上……后边的人两臂前伸并搭在前面人的肩上。

【竞赛规则】

当发令后，各队协力向前移动。不能散开脱节，脱节为失败。以每队最后一名队员的臀部最早过终点线的为胜。

5. 夹运三球

【参赛人数】

8 ～ 12 人，2 人为一组。

【比赛道具】

竹竿、足球、橡皮筋、独木桥、门洞、花盆等。

【竞赛方法】

发令后跑到第一站的圆圈内拿起 2 根竹竿（长 2 米）的两端，并用竹竿夹住 3 只足球，然后小心翼翼地跨过橡皮筋网格，横越双独木桥，钻过门洞，绕花盆一周。

【竞赛规则】

途中不掉球先到达终点的组为优胜者。

6. 六人板鞋

【参赛人数】

12 ～ 26 人，分为 2 ～ 4 队。

【比赛道具】

长板拖鞋、鞋套、提绳等。

【竞赛方法】

每队 6 人，发一双长板拖鞋，上面有 6 个鞋套，鞋头有提绳，要求 6 人一起套穿上大板拖鞋，发令后，一起喊"一、二！一、二！"协调前进，途中不得跌跤，先到达终点者为胜。

【竞赛规则】

中途摔跤者判输。

7. 过关斩将

【参赛人数】

32 ～ 128 人。

【比赛道具】

在场地的东、南、西、北各端各画 2 个相距 2 米的方块代表"关",再用对称型的线条交叉连接起来代表路,每条路长 30 米。

【竞赛方法】

将队员等分成 8 队,排纵队站于各自的关后。裁判发令后,各队排头从关口沿路线跑出,同一路线两人相遇即可用脚或手猜拳,决出胜负,胜者继续前进,负者退出竞赛并迅速通知下一人马上出发再去较量……直至有一方连斩数将冲进对方的关,就算胜了一局,接着交换对手再玩,最后积分多的队为胜。

【竞赛规则】

用脚或手猜拳时,迟出或慢出者无效。

8. 团队热身

【参赛人数】

8 ～ 20 人。

【比赛道具】

小队旗,大号水笔,粘贴纸和草稿纸若干份。

【竞赛方法】

参赛者先逐一做自我介绍,然后选出队长,集体讨论给本小队起队名,设计队旗、队徽,创作队歌并确定自己的口号。时间规定为 5 分钟,完成后派出代表,各用 1 分钟的时间,向主持人和观众依次展示介绍。

【竞赛规则】

在规定的时间内做完者,经评比决出名次。

9. 思维体操

【参赛人数】

6～12人。

【比赛道具】

收录机，音乐带。

【竞赛方法】

选择若干节奏明快、欢乐的音乐，配上体操口令，连续重复喊节拍，做好录音。做操的时候，培训主持人用收录机播音领操，但每节操不报名称，也不呼起止，只是让队员先看一遍主持人的示范，接着马上就得跟节拍照做，不得犹豫或反方向，一旦错了必须立即自觉纠正。主持人领做各节动作基本上仍遵循编操规律，但花样繁多，变化莫测，每节究竟做几个八拍也是灵活决定的，时常故意颠来倒去，甚至做单侧的、行进间的、坐地的，达到目的便关机结束。

该竞赛生动活泼，能有效地提高队员的大脑皮层神经细胞的兴奋性，增加欢乐的气氛，高度集中注意力。完成后，可议论一下心得体会，如何才能适应变化的任务。

【竞赛规则】

连续三套体操跟不上节拍者，自动退出。

10. 过湿地

【参赛人数】

12人，分成2队。

34

【比赛道具】

高跷，长、短绳。

【竞赛方法】

发给各队 1 副高跷、1 根 25 米长的绳、2 根短跳绳、2 根长跳绳。要求全体队员通过一块长 30 米、宽 2 米的"湿地"。

【竞赛规则】

脚碰着湿地者，判输。

第五章　互助训练

1. 过　河

【参赛人数】

10 ～ 20 人。

【比赛道具】

软垫一块。

【竞赛方法】

找一个运动场，在场中画两条相距 60 厘米的平行线作为河。将参赛者分成两队，各成单行纵队，面对河站立。各队找出两个大力士在队前面对面站立，两脚分踏河的两边，两手互握腕部。在河的对岸，各置垫子一块。

哨声响后，各队由排头始，依次做下列动作：走到河边两位大力士的跟前，仰卧在大力士互握的手上，3 人同心协力使之迅速翻身过河，落在河对岸的垫上。

【竞赛规则】

过河者在对岸垫子上能站稳的得一分，以得分最多的一队为胜。

2. 坐地起身

【参赛人数】

10～20人。

【比赛道具】

一块平整的场地。

【竞赛方法】

（1）首先要求队员4个人一组，围成一圈，背对背地坐在地上（坐的意思是臀部贴地）。

（2）一般来说，一个坐在地上的人，手不把扶其他物体是很难站起来的。

（3）4人手"桥"手，然后要他们一同站起来。很容易吧？那么再试试人多一点，如6～7个人，应该还不是太难。最后，再试试14～15人一同站起来，那难度就会较高了。

【竞赛规则】

手不可撑地。

3. 连环手

【参赛人数】

10～50人，10人一组。

【比赛道具】

一块平整的场地。

【竞赛方法】

（1）主持人让每组队员站成一个面向圆心的圆圈。

（2）主持人说：先举起你的右手，握住对面那个人的手，再举起你的左手，握住另外一个人的手，现在你们面对一个错综复杂的问题——在不松开手的情况下，想办法把这张乱网解开，最后形成一个大家手拉手围成的一个大圆圈。

（3）主持人告诉大家：乱网一定可以解开，但答案会有两种，一种是一个大圈，另外一种是两个套着的环。

（4）如果在尝试过程中实在解不开，主持人可允许队员决定相邻两只手断开一次，但再次进行时必须马上封闭。

【竞赛规则】

不能抓自己身边队员的手，自己的两只手不能同时抓住另外一个人的两只手，没有主持人的批准，任何情况下，队员的手都不能松开。主持人要多鼓励队员坚持到底，尽量不松手。

4.众志成诚

【参赛人数】

20～40人。

【比赛道具】

数张泡沫拼图（或报纸）。

【竞赛方法】

（1）先将全体队员分成几组，每组约10人。

（2）主持人分别在不同角落（依组数而定）的地上铺一块1平方米的泡沫拼图，请各组成员均站到泡沫拼图上，无论以什么方式站立都可以，但任何人的脚不可以踏在泡沫拼图之外。

（3）各组完成后，主持人请各组拿掉一块泡沫拼图，再请各组成员踏在拼图上。若有成员被挤出拼图外，则该组被淘汰，不再参加下一同合的比赛。如此逐步减少泡沫拼图，再请各组成员踏在拼图上，进行至淘汰到最后一组时结束。最后一组为胜利者。

【竞赛规则】

不可推撞他人。

5. 疾风劲草

【参赛人数】

8人一组为最佳。

【比赛道具】

室内外场地均可。

【竞赛方法】

（1）主持人让每组成员围成一个向心圆，而主持人自己站在中央来示范，主持人双手绕在胸前，与队员做出以下沟通对话。

主持人："我叫×××，我准备好了，你们准备好了没有？"

全体队员同答："准备好了！"

主持人："我倒了？"

全体队员同答："倒吧！"

（2）这时主持人整个身体完全倒在团队成员的手中，团队成员把主持人顺时针推动两圈。

（3）主持人做完示范之后，小组的每位成员都要来试一试。

【竞赛规则】

不能及时接住圈中人者淘汰。

6. 速 凝

【参赛人数】

12 ～ 60 人。

【比赛道具】

较大的室内或者一块平整的场地，排球若干，收录机一台。

【竞赛方法】

（1）分成 6 组，每组以自创的特殊方式结合起来，成员相互了解。

（2）其中 3 个组有球，另 3 个组各找一个有球的组，结成 1 个大组，要求 1 个大组的人再相互交流，了解每一个成员以下 3 大信息。

①工作的年限（累加，说明我们的经验很足，增加信心）。

②最自豪的事。

③最爱好的事。

（3）音乐传球，音乐停，球在谁的手中，则由谁介绍这一大组每个成员的情况。

【竞赛规则】

不能准确、清晰地介绍本组全部成员的，罚表演节目。

7. 默 契

【参赛人数】

10～20人。

【比赛道具】

围巾、绳子。

【竞赛方法】

（1）让所有成员遮住眼睛将绳子摆成规定的形状（如三角形、正方形等）。

（2）多次重复规则：眼睛不能看见，每个人双手始终不能离开绳子（结束后指出许多人并没有遵守规定——在执行任务中扭曲命令）。

【竞赛规则】

比赛过程中眼睛不能睁开。

8. 断 桥

【参赛人数】

10人以上。

【比赛道具】

A、B两块木板架在8米高空，其间相距1.2米至1.9米（间距可调）。

【竞赛方法】

小组每位成员依次自A木板跨越至B木板并返回。

【竞赛规则】

没返回者判输。

9. 电　网

【参赛人数】

10人以上。

【比赛道具】

一块平整的场地。

【竞赛方法】

小组全体成员，在规定时间内，穿越面前的一张大网，在此过程中，全体队员身体的任何部位及衣服不得触网，每个网眼只能被使用一次。

【竞赛规则】

触网者判输。

10. 筑　塔

【参赛人数】

10人以上。

【比赛道具】

桌子若干，筑塔的材料（积木或者其他代用品）。

【竞赛方法】

人员均匀地分到小组中，7人一组。每个小组的任务是：在20

分钟时间内，用所提供的材料，按照规定的方法，用最短的时间建造一座符合要求的塔，要求桌面上剩的材料不超过 5 块。小组之间相互竞争，以筑塔所用时间作为标准，时间最少者获胜。

【竞赛规则】

超过时间者判输。

第六章 记忆大战

1. 双数报数，单数击掌

【参赛人数】

10 人以上。

【比赛道具】

空场地一块。

【竞赛方法】

竞赛者手拉手站成圆圈。竞赛开始，从排头开始逆时针向排尾报数，只能报双数，单数时击掌。当排尾报完数后，排头接着报下去，直至有人出错或停顿为止，失误者做 5 个纵跳或 3 个俯卧撑。然后，由失败者开始继续竞赛。

【竞赛规则】

必须按 2、4、6……的顺序报数，不得出错或停顿，否则为失误。

2. 象行比赛

【参赛人数】

10 人。

【比赛道具】

哨子、垫子。

【竞赛方法】

哨声响后，各队第一名走到起点线上，开始向前做象行，即同侧的手和脚同时离垫，并且同时着垫，此时，身体稍向侧倾斜，离垫的脚要稍向外展再落垫，然后再提另一侧的手和脚。如此继续前进，走到垫子远端后，跑步到标志处，然后走回。第二名接着做动作……动作比较正确的得一分。得分较多、秩序较好的一队为优胜者。

【竞赛规则】

比赛过程中手脚必须同时离垫。

3. 搬运竞赛

【参赛人数】

10 人以上。

【比赛道具】

铅球、皮球、排球。

【竞赛方法】

哨声响后，各队第一名从圈内取得铅球、皮球和排球，尽快向前奔跑。至第一个圈处放下铅球，第二个圈处放下皮球，第三个圈处放下排球。然后跑回来，与本队中第二名击掌后站到队的右侧另成一行。

第二名跑出后，由最远的（第三个）圈开始，将用具依次取回来，放在大圈内，再与第三名击掌，站到原排头之后。

第三名仿第一名动作进行……以此类推，先完成的一队为优胜者。

【竞赛规则】

（1）必须按照规定依次放置和取回用具。

（2）若用具滚出圈外，必须重放。

4.喊号扶棒

【参赛人数】

10～15人。

【比赛道具】

体操棒1根，在场地上画一个半径为4米的圈。

【竞赛方法】

竞赛者面对圆心站在圆圈上，从排头依次报数，每人记住自己的号，选出一人站在圆心扶住体操棒使其竖立。竞赛开始，扶棒人呼出一个竞赛者的号数后，马上松开扶棒的手，被呼号的人应立即跑去扶棒，原扶棒人迅速站到被呼号人的位置上。二人位置交换后，被呼号人变成了扶棒人，竞赛继续进行。每次轮换中没扶住棒的竞赛者失败；对方扶住了棒，原扶棒人没有及时站到被呼号人的位置上，也判为失败，应继续扶棒。

【竞赛规则】

扶棒人离棒时应把手轻轻放开，不得故意推、拉棒；所呼的号数必须是本队的号数。

5. 打野鸭

【参赛人数】

10 人以上。

【比赛道具】

排球场 1 块，软式排球 2～3 只。

【竞赛方法】

将竞赛者分为人数平均的甲、乙队，以猜拳方法决定谁先做"野鸭"或"猎人"。以半块排球场为"湖泊"范围，"野鸭"在"湖"里，猎人手中保持 2～3 个排球作为子弹。组织者鸣笛开始，猎人用球打"湖"内的"野鸭"，"湖"中的"野鸭"凡被击中者退出球场。在规定的时间，两队交换。击中"野鸭"多者为胜。此竞赛中的"湖泊"可改为圆形，场地上画上圆圈为"湖"界，根据参加者人数多少确定圆圈的范围。可规定单位时间内打中"野鸭"数字的多少。

【竞赛规则】

"野鸭"活动范围不得离开 99 米（或圆圈）半个球场的"湖泊区"。猎人不得进入"湖泊"之内射击。球出场外，猎人必须迅速捡回，时间记在比赛有效时间内。

6. 抢凳子

【参赛人数】

10 人以上。

【比赛道具】

4 张凳子、录音机。

【竞赛方法】

用 4 张凳子围成一个圆圈，5 位竞赛者站在凳子周围，开始放音乐，5 人绕凳子走。音乐一停，5 个人抢凳子坐，有 4 个人坐下，剩下没坐上凳子的那个人就被淘汰退出。再去掉 1 张凳子，就只剩下 3 张凳子了，4 个人又听音乐，音乐一停，3 个人坐下，剩下的那个又被淘汰退出……最后剩下 1 张凳子 2 个人抢。

【竞赛规则】

最后坐上凳子的那位竞赛者就是冠军。

7. 连续追拍

【参赛人数】

10 人以上。

【比赛道具】

平坦场地。

【竞赛方法】

竞赛者成一列横队站好，报数后每人记住自己的号码。竞赛开始，大家分散在圆圈内，去追拍比自己小一号的队员，1 号队员去追拍最后一个号数的队员。大家形成一个循环圈，互相追拍，每人既要去追拍别人又要防止被别人追拍，被追拍到的队员应自动退出圆圈。当自己追拍的人退出比赛后，应继续追拍更小一号的队员，直至剩下最后两人时为优胜者。

【竞赛规则】

连续拍两下为追拍成功，不得用力打、推对方，必须按要求的追拍方法竞赛。

8. 遮网排球

【参赛人数】

10人以上。

【比赛道具】

排球场若干，用大块布遮住排球网。排球若干个。

【竞赛方法】

竞赛者6人一队，分成若干队，每2队一块场地按排球比赛的方法进行竞赛。队员看不到对方的行动，以此来培养竞赛者的预测判断和快速反应的能力。可采用三局两胜制，每局10分。

【竞赛规则】

按排球比赛的规则进行。

9. 听数追拍

【参赛人数】

10人以上。

【比赛道具】

平坦场地。

【竞赛方法】

甲、乙两名队员沿着圆圈向同一方向慢跑，思想要高度集中。当队员听到组织者发出"1"的口令，乙队员立即向前奔跑，甲队员在后追抓乙队员；组织者发出"2"的口令，甲队员迅速转身沿圆圈奔跑，乙队员转身追抓甲队员；当组织者发出"3"时的口令，甲乙两队员变为沿圆圈慢跑，两名队员保持一定距离以被抓到次数多少为胜。

【竞赛规则】

必须在圆圈上追抓，偏离圆圈1米即算被抓到一次；触到身体任何部位即算抓到。

10. 抓　笑

【参赛人数】

10人以上。

【比赛道具】

平坦场地。

【竞赛方法】

竞赛者面对面坐或站成两排。竞赛开始，其中一排中的第一人，开始哈哈大笑2秒钟，然后用手往脸上将"笑"一抓，并立即板起面孔，再将"笑"抛往对面竞赛者的脸上。接到"笑"的竞赛者须马上哈哈大笑，2秒钟后再将"笑"抓起抛给对面第二人……照此方法，依次将"笑"传到排尾。

【竞赛规则】

没有接到"笑"的人与已经将"笑"传走的人笑了就要受罚，没有将"笑"抓住（即没有立即板起面孔）与接住"笑"没有立即笑的人也要受罚。

第七章 观察竞技

1. 攻打"小鸟"

【参赛人数】

20 人，分成 2 队。

【比赛道具】

另备排球 3 ~ 4 个，作为猎人的"子弹"。

【竞赛方法】

选用篮球场或排球场作为赛场，将竞赛者分成人数相等的两队，一队先做"小鸟"进入场内，另一队做"猎人"站在边线上。规定好比赛时间。

发令后，"猎人"用球打场内的"小鸟"。凡被击中的"小鸟"均退出球场。在规定的时间内，两队交替，击中"小鸟"多者为优胜者。

【竞赛规则】

（1）"小鸟"活动区域不得超出场外。

（2）"猎人"不得进入场内投击。

（3）在投击时，只能投击"小鸟"的下肢，否则视为犯规。

（4）球出场外，由"猎人"自己捡回，时间均计在规定时间内。

2. 有跑有跳

【参赛人数】

12～18人，将参加竞赛者分成2队，每队6～8人。

【比赛道具】

绳子、小旗等。

【竞赛方法】

两队分别在一条出发线后面排成一路纵队。各队排首各拿一条折叠的3米长的绳子。在每队前面40米处各插一面小旗，在小旗和出发线之间画一道1.5米宽的"小河"。

下令后，两个排首向前跑去，跨过"小河"并绕过小旗，再跑回来，跑回时也要跨过"小河"。跑过出发线以后，和本队第二人用绳子绷成一个框子，本队的人就一个个地依次跳过去。等所有的人都跳过框子以后，第二人即拿着绳子向前跑去又跑回。排首等第二人跑离出发线后，就站到本队的排尾去……一直到排首重新拿到绳子时为止。

哪一队排首先把绳了举起，哪一队就是优胜队。

【竞赛规则】

未跳过框子的不计算成绩。

3. 活动跳箱

【参赛人数】

16 人，分成 2 队。

【比赛道具】

在场地上画一条起跑线，在线的正前方每隔 4 米画一条标记线，共画 4 条。

【竞赛方法】

竞赛者分成 2 队，各成单行纵队（由矮至高）站于起跑线后，面对标记。每队找出 4 个人，成纵队分别站于 1、2、3、4 条标记线上，并分别依次做出下列姿势：两腿开立同肩宽，半屈膝，两手扶地；两手分别握于踝关节（脚腕）上；两手分别扶于两腿胫骨的中部；两手分别按在膝关节上。

【竞赛规则】

（1）必须双脚踏跳。

（2）未能跳过或者骑在被跳人的背上者，不得分。

（3）4 个都跳过的得 5 分，跳过 3 个的得 3 分，跳过 2 个的得 2 分，跳过 1 个者得 1 分。

4. 冲过战域区

【参赛人数】

20 ～ 40 人。

【比赛道具】

选一个篮球场，以篮球场的中线为"战域"。选两人站在中线上作为"狙击手"，余下的竞赛者分成人数相等的4～5队，成纵队排列。

【竞赛方法】

发令后，各队按次序冲过"战域区"，狙击手则在"战域"线上狙击企图通过"战域区"的队员。凡被拍到即算被击中，并站在竞赛场外，未被击中者站在终点线后，仍按原来的次序站队。以冲过"战域区"人数多的队为优胜者。

【竞赛规则】

（1）发令以后才能起跑，必须正面通过"战域区"。

（2）狙击者不得离开"战域区"（中线），只能沿线狙击。

（3）狙击时只能拍人，不能推、拉人。

（4）越过"战域区"时被击中或绕过"战域区"者均算失败。

5. 缩小包围圈

【参赛人数】

人数不限。

【比赛道具】

平整场地一块。

【竞赛方法】

让竞赛者紧密地围成一圈。让每个竞赛者把自己的胳膊搭在相邻同伴的肩膀上。告诉大家我们将要面临一项非常艰巨的任务。这项任务是大家要一起向着圆心迈三大步，同时要保持大家已经围好的圆圈不被破坏。等大家都清楚了竞赛要求之后，让大家一起开始迈第一步。迈完第一步后,给大家一些鼓励和表扬,然后开始迈第二步。第二步迈完之后,你可能就不必挖空心思去想那些表扬与鼓励的词语了,因为目前的处境已经使大家忍俊不禁了。迈第三步,其结果可能是圆圈断开,很多竞赛者摔倒在地。尽管很难成功地完成任务,但是这项活动会使大家开怀大笑,烦恼尽消。

【竞赛规则】

在迈第三步的时候尤其要注意,不要让有些竞赛者摔得过重。如果参加人数较多的话,如多于 40 个人,可能分成小组来做竞赛会更好一些。可以把竞赛者的眼睛都蒙起来进行竞赛。

6. 找队旗

【参赛人数】

24 ～ 32 人,分成 4 队。

【比赛道具】

在场地上并排画直径 3 米,相距约 2 米的 4 个圆圈,在与 4 个圆圈平行 10 米处画一条线。

【竞赛方法】

把竞赛者分成人数相等的 4 队,每队选一名旗手,手拿一面队旗(每队颜色不同),站在一个圆圈的中央,其余参加竞赛的竞赛者面对本队旗手站成一个圆圈。裁判发出一声哨音,除旗手外,其余竞赛者立即散开,跑到线外,背对圆圈按裁判示范的体操等做动作,同时旗手互相交换位置。当裁判发出两声哨音时,竞赛者迅速跑向并面对本队旗手,站成一个圆圈,以先站好圆圈,动作快、静、齐者为优胜者。

【竞赛规则】

必须在听到哨音后进行活动；跑动时要注意安全，不要冲撞；既要迅速又要遵守秩序。

7. 风中击准

【参赛人数】

20～40人。

【比赛道具】

接力棒3根，木柱4根，空场地一块。在空场地上画一条直线做起点线，在起点线前8米处并排间隔2米处立4根木柱，在线后15米处并排间隔2米画3个直径0.5米的圆圈。每个圆圈内放一根接力棒。

【竞赛方法】

将竞赛者分为4队，站于起跑线后的两侧外。预备时，各队排头各对准一根木柱站到起点线上。组织者发令后，朝前跑出，绕过木棒返回，再跑到圆圈处抢到一根接力棒，来到起点线上掷击本队木柱。击倒者可为本队夺得2分，未击倒者可得1分。

【竞赛规则】

必须绕过木柱，如碰倒木柱必须由本人扶起，否则为犯规。

8. 坚持到底

【参赛人数】

8～16人，分成2队。

【比赛道具】

在场地上画一条螺旋式跑道，里外各画一条起跳线。

【竞赛方法】

将竞赛者分成人数相等的2队，分别站在内外起跳线后。竞赛开始，两队的第一人沿着跑道双脚向前跳跃，当两人相逢时猜拳定胜负，胜者继续前进，败者退出跑道，败组的第二人立即起动向前跳跃，与胜者相逢后再猜拳，以此类推，以先到达对方起跳线的组为优胜者。

【竞赛规则】

必须用双脚跳的方法前跳，否则为犯规；败者应立即退出跑道，不得阻挡对方；猜拳结束，败方退出跑道后，胜方和败方下一人才能起动。

9. 快速传球

【参赛人数】

8～16人，分成2队。

【比赛道具】

在场地上画一个大圆圈（大小根据竞赛人数而定），篮球2个。

【竞赛方法】

将竞赛者分成人数相等的甲、乙两队，并让两队竞赛者交错站在圆圈上。2个篮球分别交给对称站立的甲、乙队各一名队员。竞赛开始，持球的两队队员，根据组织者伸出左手或右手，向该方向同队下一人依次传球，组织者不断变换方向，最后以一个队的球追上另一队的球为止，追上的队为优胜者。

【竞赛规则】

传球时，必须依次传递，不得间隔传球。传球失误时，必须由失误人将球拾起跑回原位置后，才能继续往下传球。在传球过程中，两队队员不得干扰对方的传球。

10. 跳转接反弹球赛

【参赛人数】

16～32人，分成4组。

【比赛道具】

在一块平整的场地上画若干个直径2米的圆圈，排球若干。

【竞赛方法】

将竞赛者分成4组，各组第一人持球站在圈内，其他人站在圈外。竞赛开始，各组第一人向地上用力掷球，待球弹起时，立即原地跳起转体360度，在空中将球接住，连续做三次。每完成一次接球动作得1分，然后换第二人做同样的动作，依次进行，待全组人都做完后累计分数，以得分多的组为优胜者。

【竞赛规则】

必须跳起转体360度以后才能接球；未接到球者判为失败。

第八章 障碍自救

1. 在圆圈里踢球

【参赛人数】

8 ~ 16 人。

【比赛道具】

准备足球或篮球 1 只。

【竞赛方法】

带头人站在圆圈中央，其余的人在他四周围成一个圆圈，每个人之间的距离等于两双伸直的手臂的长度。带头人尽量把足球或篮球踢出圆圈，但不可踢得太用力。站在圆周上的人用脚挡住球，然后把球传给带头人。

【竞赛规则】

竞赛者只能用脚和身体挡球，不可用手。带头人踢的球不得高于膝部。如果球从谁的右侧滚出圆圈，谁就和带头人换位置。

2. 接球姿势造型

【参赛人数】

10 ~ 20 人。

【比赛道具】

准备排球 1 只。

【竞赛方法】

参赛者站成一个圆圈，每个人之间的距离要大一些。然后，参赛者把一个排球顺着次序掷给自己右侧的人，右侧的人接了球再掷给他右侧的人，以此类推。从未失过球的人就是优胜者。最后，由优胜者向上抛十次球，等他接到第十次抛起的球以后，那些待着不动的人才可以自由行动。

【竞赛规则】

谁没有接住球，谁就保持接球时的姿势不动。

3. 向墙上拍球

【参赛人数】

10 ～ 32 人。

【比赛道具】

准备排球若干只，每队 1 只。

【竞赛方法】

在围墙 2 米及 5 米处各画一条界线。把参加竞赛的人分成 2 ～ 4 队，每队 5 ～ 8 人，分别站在距围墙一定距离的线后面，排成一路纵队。裁判员下令后，两队第一人各自用双手把一个排球向墙上界线内拍去，并立即跑回本队排尾站好。这时，第二人立即跑到界线边，把从墙上弹下的排球再次向墙上拍去，并且也立即跑到排尾站好……以此类推。

【竞赛规则】

（1）拍球时两手要从胸前推出，球不许停在手里，要一触到手就拍出。

（2）每人拍球次数，按照规定 3 ～ 5 次都可以。

（3）哪一队先拍好球，而且球一次也没有落地，该队就获胜。

4. 躲避击球

【参赛人数】

10 ～ 20 人。

【比赛道具】

篮球若干只。

【竞赛方法】

在竞赛场上划两条平行线。参赛队员分成两队，一队站在两线外，一队站在两线之间。发令后，线外一队的队员用球投击线内的队员，被击中者退出场外。线内的竞赛者不得超越自己的区域。当在击入区域内只剩下 2 人时为一局。然后两队相互交换再进行比赛。

【竞赛规则】

投击者只能击被击者髋关节以下的部位。

5. 投击"堡垒区"

【参赛人数】

10 ～ 20 人。

【比赛道具】

篮球若干只。

【竞赛方法】

在场地上画两个大小不同的同心圆，直径分别为 9 米和 1 米，用标杆分别在小圆内架起两个堡垒。把竞赛者分成人数相等的两队。每队选出 2 人站在大、小圆圈之间做防守者，其余人围在大圆外做进攻者。

发出口令后，站在大圆外的进攻者用球向堡垒区投击。防守队员设法守住或阻挡进攻者投的球，不让球打到堡垒区。当防守者接住进攻者投来的球时，可传给进攻者继续投击。以击倒标杆次数多少来累计分数。在规定时间内，以得分多的队为胜。

【竞赛规则】

（1）投击者不得踏进大圆内，防守者阻挡球时不得进小圈或出大圈。

（2）若在所规定的时间内未能决定胜负，则守队重新更换。

（3）不能故意用球打人。

（4）投击的方法可用单手肩上投击或双手头上投击。

6. "小鸟"受罚

【参赛人数】

人数不限。

【比赛道具】

根据竞赛者的多少，在场地上画一长方形区域，离边线约 5 米左右画一个 0.5 米的小圆。竞赛者分散在已准备好的长方形场地内，选出 2 人做击手。

【竞赛方法】

用一个球互相传接投击场内的"小鸟",如一只"小鸟"被击中,这"小鸟"就要在0.5米的小圆内站立受罚。当投击者击中另一只"小鸟"时,此"小鸟"与受罚区内的"小鸟"更换。更换出来的"小鸟"便可解除受罚归队。在规定时间内,受罚次数少的获胜。

【竞赛规则】

(1)投击者只能用传接球方式投击"小鸟",不能抱着球硬追"小鸟"投击。

(2)在投击时,以投中膝以下部位为准,违者击中无效。

7. 赶球接力

【参赛人数】

16～32人。

【比赛道具】

准备实心球4只、体操棒4根。

【竞赛方法】

把竞赛者分成人数相等的4队,分别站在起跑线后。距离可定在10米左右,终点设标记。发令后,各队排头用体操棒推动实心球向前滚动,绕过事先所设的标记后,握住实心球和木棒跑回原处交给第二个人……以完成先后决定名次。

【竞赛规则】

越线接棒接球、用脚踢球等,均为犯规。

8. 投球赛

【参赛人数】

16～32 人。

【比赛道具】

纸篓一个，实心球若干只。

【竞赛方法】

画一条投掷线，把竞赛者分成人数相等的几个队，成纵队排列在投掷线后。在投掷线前 5 米左右放上一个纸篓，各排头手持小实心球。

各队的排头在投掷线后向篓内投实心球，并快速捡回球。第二人接过排头拾回的球继续投掷。排头站在自己的排尾排队……如此依次进行，在规定时间内，以投球进篓多的队为胜。

【竞赛规则】

（1）投掷时要站立在投掷线后，过线、踩线均不算成绩。

（2）投进使篓翻倒的球仍算投中。

9. 车　轮

【参赛人数】

20～40 人。

【比赛道具】

平坦场地。

【竞赛方法】

"带头人"在"车轮"外围绕行。他忽然在某一根车辐后面站住脚，在最后一人的肩上拍一下。被拍的人立刻在前面一人的肩上也拍一下。照这样，一直拍到站在最前面的人为止。

站在最前面的人一被拍以后，两臂迅速上举，在头顶上拍一次掌，说："跑！"全队的人就绕车轮跑一圈，带头人也跟他们一起跑。每人要争取先回到原位。最先归队的一人做排首，其余的人依次排在他后面。跑得最慢的人就做新的带头人，但他不能拍刚才已跑过的那一队。

【竞赛规则】

（1）站排首的一人发了信号，全队的人才可以起跑。

（2）不可穿越车轮，也不可穿越其他队伍。

（3）在跑的时候，不可拉各队的排尾，也不可拉正在跑的人。

（4）大家都要跑到前面一人的后面站住。

10. 击中活动者

【参赛人数】

人数不限。

【比赛道具】

准备球若干个。

【竞赛方法】

根据竞赛者的人数多少，画若干个圆圈。把竞赛者分成人数相等的若干队，各队分别围圈面向圆心站好，并按 1 ～ 3 报数。各队报 2 数的队员先站在圆内做活动者。

　　裁判发令后，圈上的竞赛者用脚来传递球和踢射"活动者"。被球击中者站到圈外。在规定时间到后换 1 数或 3 数的竞赛者做"活动者"，也可把全部活动者击中之后再换人。

【竞赛规则】

（1）必须用脚踢球。

（2）踢球时不得过线。

（3）球只能击腿部以下的部位，否则无效。

（4）被击中者应主动退出圆圈。

11. 喊号码绕圆圈

【参赛人数】

10 ～ 20 人。

【比赛道具】

平坦场地。

【竞赛方法】

将竞赛者分成 2 队，规定每一队的跑向，或顺时针或逆时针，号数相同但所属队却不同的两人结为一对，并肩站在一起。各队站成一个大圆圈，之间的距离为 1.5 ～ 2 米。裁判员则依次给各队指定号数。

　　裁判员高声喊一个号码，该号的两个人分别向相反的方向绕圆圈跑，最先回到原位者，给本队争得一分，哪队得分最高哪队赢。

【竞赛规则】

（1）裁判员喊号码不可依次序，允许重复，以保持紧张气氛。

（2）比赛时，只能在圆圈外面跑，不得穿越圆圈；两人相遇时，要遵守从右侧穿过的原则。

　　趣味文化娱乐活动是社会主义精神文明建设的重要组成部分,它对于促进学校发展,增强教职工体质,激发教师热爱集体、团结协助、奋发拼搏等精神都具有十分重要的作用。趣味文化娱乐活动包括脑筋急转弯、趣味知识竞赛、趣味知识问答、趣味歇后语、趣味绕口令、趣味谜语、笑话、魔术和棋牌类游戏等。这些都是人们喜闻乐见的游戏活动。

第一章　脑筋急转弯

1. 经典脑筋急转弯

　　(1) 问:一头公牛加一头母牛,猜三个字?

(答案:两头牛)

　　(2) 问:什么水要按计划发放?

(答案:薪水)

　　(3) 问:什么帽子没人能戴?

(答案:螺丝帽)

　　(4) 问:三个金叫"鑫",三个水叫"淼",三个人叫"众",那么三个鬼应该叫什么?

(答案:叫"救命")

　　(5) 问:什么东西比天更高?

(答案:心比天高)

（6）问：小红口袋里原有 10 个铜钱，但它们都掉了，请问小红口袋里还剩下什么？

（答案：还剩下一个洞）

（7）问：一溜（注意：谐音"六"）三棵树，要拴 10 匹马，只能拴单不能拴双，请问怎么办？

（答案：1+6+3=10，一棵树上拴一匹）

（8）问：什么情况下一山可容二虎？

（答案：一公一母）

（9）问：地球上曾经发生哪两次世界大战？

（答案：第一次和第二次）

（10）问：树上拴着两匹牲口，怎样分辨出哪一匹是马，哪一匹是骡子？

（答案：拴在马旁边的是骡子，拴在骡子旁边的是马）

（11）问：家有家规，厂有厂规，那动物园里有什么？

（答案：子规）

（12）问：小明去捡摔到地上的玩具，首先要怎么做？

（答案：弯下身子）

（13）问：什么车乘的人最少？

（答案：空车）

（14）问：念完"六年级"最快需要多少时间？

（答案：一秒钟）

（15）问："东西"忘了怎么办？

（答案：拿指南针）

（16）问：有个字，我们每个人都要念"错"，是什么字？

（答案：错）

（17）问：一样东西，你只能用左手拿它，右手却拿不到，这是什么东西？

（答案：右手）

（18）问："太平洋"的中间是什么？

（答案：平）

（19）问：毛毛虫要用什么方法才能通过一条没有桥的河流？

（答案：变成飞蛾）

（20）问："国歌"共有几个字？

（答案：两个字，国、歌）

（21）问：什么饼不能吃？

（答案：铁饼）

（22）问：河水很急，小明却没有被水冲走，为什么？

（答案：小明还在岸上）

（23）问：碰到什么事的时候，应该睁一只眼、闭一只眼？

（答案：瞄准的时候）

（24）问：世界上什么井最大？

（答案：天井）

（25）问：从古至今，勤劳勇敢的人们是靠什么吃饭的？

（答案：粮食）

（26）问：什么球不能玩？

（答案：眼球）

（27）问：哪两个字，即使写得不好，别人也会说好看？

（答案：好看）

（28）问：什么门没门扇？

（答案：球门）

（29）问：人用左手还是用右手写字？

（答案：用笔）

（30）问：什么东西能在没有土的情况下"破皮而出"？

（答案：头发）

（31）问：什么杯不能用来盛水？

（答案：世界杯）

（32）问：最难学的是什么文？

（答案：达尔文）

（33）问：世界上什么东西最大，为什么？

（答案：眼皮。只要眼皮一闭，全世界都被它遮住了）

（34）问：爱啰嗦的人什么时候话最少？

（答案：二月份）

（35）问：哪个月有 28 天？

（答案：每个月都有 28 天）

（36）问：什么样的人物照片你看不出照的是谁？

（答案：X 光片）

（37）问：有一个人，他是你爸爸妈妈生的，但他却不是你的兄弟或姐妹，他是谁？

（答案：你自己）

（38）问：爸爸和妈妈之间有什么共同之处？

（答案：他俩在同一天结婚）

（39）问：为什么打靶瞄准时非得闭上一只眼？

（答案：因为把两只眼睛都闭上，就什么都看不见了）

（40）问：男厕所一般建在什么地方？

（答案：女厕所隔壁）

（41）问：鱼为什么要生活在水里？

（答案：因为陆地上有猫）

（42）问：活到 100 岁最简单的秘诀是什么？

（答案：99 岁再活上一年）

（43）问：蜗牛爬遍全世界只用了几分钟，为什么？

（答案：在世界地图上爬）

2. 搞笑脑筋急转弯

（1）问：比乳牙长得晚的是恒牙，比恒牙长得晚的是什么牙？

（答案：假牙）

（2）问：全身都是嘴的是什么？

（答案：品）

（3）问：世界上最强壮的人会被什么打倒？

（答案：被睡意打倒）

（4）问：身体什么部位受损伤，医院无法治疗？

（答案：伤脑筋）

（5）问：什么情况下每个人都会主动发扬赴汤蹈火的精神？

（答案：吃火锅的时候）

（6）问：用粉笔画一个圈，使你永远走不出，请问这个圈得画多大？

（答案：只须沿着你的腰围画上一个圈，
你便永远走不出这个圈了）

（7）问：你认为哪一种船是最安全的？

（答案：搁在海滩上的船最安全）

（8）问：什么人工作整天忙得团团转？

（答案：芭蕾舞演员）

（9）问：蚊子咬在什么地方，你不会觉得痒？

（答案：咬在别人身上）

（10）问：小李并不口渴，可是他还是拼命地喝水。为什么？

（答案：不会游泳的小李不慎落水了）

（11）问：为什么鱼生活在水中？

（答案：岸上有猫）

（12）问：月亮什么时候看起来最大？

（答案：人登到月球上看它时）

（13）问：什么马不长腿却可以跳？

（答案：象棋盘上的马）

（14）问：有这样一个人，他没有职务，却负责着全公司员工上上下下的工作，那么他是谁？

（答案：电梯工）

（15）问：你怎样使一间又脏又乱的房间马上干净起来？

（答案：马上闭上眼睛，就眼不见为净了）

（16）问：据说巴西的女人只有一只左眼，这句话是真的吗？

（答案：对，巴西的女人同全世界的人一样都是只有一只左眼）

（17）问：有一幢高楼，它明明不是海市蜃楼，可为什么会在太阳底下消失？

（答案：它是冰雕）

（18）问：为什么认定蘑菇长在潮湿的地方？

（答案：因为蘑菇长得像雨伞）

（19）问：杯子不是木头做的，可为什么要加个"木"字旁呢？

（答案："木"的旁边不是有个"不"吗？）

（20）问：有一只羊竟然敢把一只老虎撕碎，这是怎么一同事？

（答案：那是纸老虎）

（21）问：让火熄灭的最快方法是什么？

（答案："火"字上加一横就行了）

（22）问：药店里不卖什么药？

（答案：炸药）

（23）问：有一个神射手闭眼也能百发百中，为什么？

（答案：先射，后画靶子）

（24）问：什么花看不见、摸不着，但是能感觉到？

（答案：头晕眼花）

（25）问：打狗要看主人，打虎要看什么？

（答案：看你有没有胆量）

（26）问：什么人的掌与你的手掌不同？

（答案：仙人掌）

（27）问："妈妈"和"母亲"有什么差别？

（答案：发音有差别）

（28）问：中国的国内盛产什么？

（答案：玉）

（29）问：什么东西要打破了才能用？

（答案：爆竹）

（30）问：什么河里从来没有水？

（答案：棋盘上的"楚河"）

（31）问：什么海里面包含极丰富的内容，人却无法在里面游泳？

（答案：辞海）

（32）问：小李没有学过驾驶技术，为什么他只要挥挥手就能让车停下来？

（答案：他在招呼出租车）

（33）问：新的东西会变成什么东西？

（答案：旧东西）

（34）问：人们对什么东西会知假买假？

（答案：假牙、假发套）

（35）问：什么饭不能在夜间吃？

（答案：早饭和午饭不能在夜间吃）

（36）问：一只强壮的红螃蟹与一只比它弱小得多的青螃蟹赛跑，请问哪一只爬得快？

（答案：青螃蟹。因为只有被煮熟的螃蟹才是红色，它不能爬）

（37）问：吃了什么东西最让人扫兴？

（答案：闭门羹）

（38）问：人喝什么东西喝得再多也不解渴？

（答案：西北风）

（39）问：小明最不喜欢上课，可是老师讲的一种课他却从不厌烦，请问那是什么课？

（答案：下课）

3.其他脑筋急转弯

（1）问：怎样以最快速度，把冰变成水？

（答案：把"冰"字去掉两点，就成了"水"）

（2）问：冬天，宝宝怕冷，到了屋里也不肯脱帽子，可是他见

73

了一个人乖乖地脱下帽子，那人是谁？

（答案：理发师）

（3）问：老王一天要刮四五十次脸，脸上却仍有胡子。这是什么原因？

（答案：老王是个理发师）

（4）问：小华在家里，和谁长得最像？

（答案：自己）

（5）问：鸡蛋壳有什么用处？

（答案：用来包蛋清和蛋黄）

（6）问：不必花力气打的东西是什么？

（答案：打哈欠）

（7）问：你能做，我能做，大家都能做；一个人能做，两个人不能一起做，这是做什么？

（答案：做梦）

（8）问：什么事每人每天都必须认真地做？

（答案：睡觉）

（9）问：什么车子寸步难行？

（答案：风车）

（10）问：什么酒不能喝？

（答案：碘酒）

（11）问：什么蛋打不烂、煮不熟，更不能吃？

（答案：考试得的零蛋）

（12）问：火车由北京到上海需要 6 小时，行驶 3 小时后，火车该在什么地方？

（答案：在车轨上）

（13）问：时钟什么时候不会走？

（答案：时钟本来就不会走）

（14）问：什么路最窄？

（答案：冤家路窄）

（15）问：什么东西不能吃？

（答案："东西"方向）

（16）问：一个人从飞机上掉下来，为什么没摔死呢？

（答案：飞机停在地上）

（17）问：一年四季都盛开的花是什么花？

（答案：塑料花）

（18）问：什么英文字母最多人喜欢听？

（答案：CD）

（19）问：小明知道试卷的答案，为什么还频频看同学的？

（答案：小明是老师）

（20）问：用铁锤锤鸡蛋为什么锤不破？

（答案：铁锤当然不会破了）

（21）问：一个人在沙滩上行走，但在他的身后却没有发现脚印，为什么？

（答案：他在倒着走）

（22）问：一位卡车司机撞倒一个骑摩托车的人，卡车司机受重伤，骑摩托车的人却没事，为什么？

（答案：卡车司机当时没开车）

（23）问：你能用蓝笔写出红字来吗？

（答案：写个"红"字有何难）

（24）问：汽车在右转弯时，哪只轮胎不转？

（答案：备用胎）

（25）问：孔子与孟子有什么区别？

（答案：孔子的子在左边，孟子的子在上边）

（26）问：为什么小王从初一到初三就学了一篇课文？

（答案：初一到初三，两天学一课，算不错了）

（27）问：一个人空肚子最多能吃几个鸡蛋？

（答案：一个。因为吃了一个后就不是空肚子了）

（28）问：当哥伦布一只脚迈上新大陆后，紧接着做什么？

（答案：迈上另一只脚）

（29）问：世界上最小的岛是什么？

（答案：马路上的安全岛）

（30）问：把一只鸡和一只鹅同时放在冰箱里，为什么鸡死了鹅没死？

（答案：因为鹅是企鹅）

（31）问：万兽之王是谁？

（答案：动物园园长）

（32）问：用什么可以解开所有的谜？

（答案：答案）

（33）问：什么样的人死后还会出现？

（答案：电影中的人）

（34）问：打听别人事的人是谁？

（答案：记者）

（35）问：谁说话的声音传得最远？

（答案：打电话的人）

（36）问：什么东西的制造日期和有效期是同一天？

（答案：日报）

（37）问：小咪昨晚花了整整一个晚上在历史课本上，可第二天妈妈还是批评她不用功，为什么？

（答案：她用历史课本当枕头睡）

（38）问：怎样用树叶遮住天空？

（答案：只要用树叶盖住眼睛）

（39）问：什么东西使人哭笑不得？

（答案：口罩）

（40）问：身份证掉了怎么办？

（答案：捡起来）

（41）问：有个人走独木桥，前面来了一只老虎，后面来了只熊，这个人是怎么过去的？

（答案：晕过去了）

（42）问：小明的妈妈有三个儿子，大儿子叫大明，二儿子叫二明，三儿子叫什么？

（答案：当然叫小明）

第二章　趣味知识竞赛

1. 百科知识竞赛

（1）东汉称面条为什么？

（答案：煮饼）

（2）唐代称面条为什么？

（答案：冷淘）

（3）九转大肠属于什么菜系的名菜？

（答案：鲁菜）

（4）面条经蒸煮或煎炸，脱水干燥，加调味品包装而成的一种方便食品是什么？

（答案：方便面）

（5）汽水在几摄氏度时最好喝？

（答案：5℃）

（6）以麻辣辛香调料而闻名的菜系是哪一个？

（答案：川菜）

（7）"德州扒鸡"是一款比较著名的菜肴，请问其属于哪个菜系？

（答案：鲁菜）

（8）煮面时，温水时就把面下进去，比起用开水煮面，面熟得更快还是更慢？

（答案：更快）

（9）以海味为主要原料，注重甜酸咸香、色美味鲜的菜系是什么？

（答案：闽菜）

（10）"泥鳅钻豆腐"的传说与哪一位美人有关？

（答案：貂蝉）

（11）种植的最高等级是什么？

（答案：园艺师）

（12）冬钓主要是用什么做钓饵？

（答案：红虫）

（13）大米缺乏哪种氨基酸？

（答案：赖氨酸）

（14）方便面的保存在冬天一般以多长时间为宜？

（答案：三个月）

（15）北京著名的有一百三十多年历史的烤鸭店的名字是什么？

（答案：全聚德）

（16）"西施舌"是以西施命名的一道菜，它其实是什么？

（答案：蛤蜊）

（17）凉皮面是哪里的特色小吃？

（答案：西安）

（18）面食文化的发祥地在哪里？

（答案：黄河流域）

（19）人类最早种植的粮食作物是什么？

（答案：小麦）

（20）岐山挂面源于哪里？

（答案：陕西）

（21）汤圆是哪个节日吃的？

（答案：元宵节）

（22）清代名厨肖美人最擅长做什么？

（答案：点心）

（23）佛跳墙是哪个菜系的代表菜？

（答案：闽菜）

（24）"沙茶面"是哪个地方的风味小吃？

（答案：福建）

（25）"土笋冻"是哪个地方的风味小吃？

（答案：福建）

（26）方便面的主要原料是什么？

（答案：小麦粉）

(27)"鸳鸯戏飞龙"是哪里的著名菜肴?

（答案：黑龙江）

(28)国家规定的方便面成品水分标准为多少?

（答案：小于8%）

(29)"烧杂烩"这道菜的由来与哪一位历史人物有关?

（答案：项羽）

(30)用筷子沿盘边剔面叫什么?

（答案：剔尖）

(31)汉代，凡面制的食品统称为什么?

（答案：饼）

(32)正式的西餐最先上的是?

（答案：菜和汤）

(33)"煎饼果子"是哪个地方的风味小吃?

（答案：天津）

(34)什么被称为"百味之首"?

（答案：盐）

(35)"水煮牛肉"是哪个菜系的代表菜?

（答案：川菜）

(36)上海的小吃中最受人们青睐的"三主件"是什么?

（答案：汤包、百叶、油面筋）

(37)清朝时广东"茶居"的"居"原意是什么?

（答案：隐）

(38)取料广泛，最讲究鲜嫩和酥脆的菜系是哪一个?

（答案：粤菜）

(39)"甜水面"是哪个地方的风味小吃?

（答案：四川）

（40）"荔枝虾球"是哪个菜系的著名菜肴？

（答案：粤菜）

（41）"八仙过海闹罗汉"是哪个菜系的著名菜肴？

（答案：孔府菜）

（42）拉面的做法最早始于哪里？

（答案：山东）

2. 消防安全知识竞赛

（1）消防工作的方针、原则是什么？实行什么责任制？

答案：方针是预防为主、防消结合；原则是政府统一领导、部门依法监管、单位全面负责、公民积极参与；实行消防安全责任制。

（2）居民住宅区的物业管理单位应当在管理范围内履行的消防安全职责有哪些？

答案：①制定消防安全制度，落实消防安全责任，开展消防安全宣传教育；

②开展防火检查，消除火灾隐患；

③保障疏散通道、安全出口、消防车通道畅通；

④保障公共消防设施、器材及消防安全标志完好有效。

（3）消防安全巡查的内容有哪些？

答案：①用火、用电有无违章情况；

②安全出口、疏散通道是否畅通，安全疏散指示标志、应急照明灯是否完好；

③消防设施、器材和消防安全标志是否在位、完整；

④常闭式防火门是否处于关闭状态，防火卷帘下是否堆

放物品影响使用；

⑤消防安全重点部位的人员在岗情况；

⑥其他消防安全情况。

（4）作为一名员工，应该懂得哪些消防知识？

答案：①有关消防法规、消防安全制度和保障消防安全的操作
　　　　规程；

②本单位、本岗位的火灾危险性和防火措施；

③有关消防设施的性能、灭火器材的使用方法；

④报火警、扑救初起火灾及自救逃生的知识和技能。

（5）消防工作的四懂指什么？

答案：①懂本岗位火灾的危险性；

②懂预防火灾的措施；

③懂扑救火灾的方法；

④懂逃生的方法。

（6）消防工作的四会指什么？

答案：①会使用消防器材；

②会报火警；

③会扑救初期火灾；

④会组织疏散逃生。

（7）发生火灾的报警方法是什么？

答案：①拨打火警电话119；

②报警时要讲清火灾地址、起火原因、着火物质、火势大小、
　　　　有无人员被困、报警人姓名及联系电话；

③必要时可派人到路口迎候消防车。

（8）发生火灾自救方法有哪些？

答案：①利用建筑物内的疏散设施逃生；

②利用简易防护器材逃生；

③自制简易救生绳索，切勿跳楼；

④开辟避难场所。

（9）消防、防火、灭火三个术语的定义是什么？

答案：消防是指包括防火和灭火的措施；防火就是防止火灾发生和（或）限制其影响的措施；灭火就是熄灭或阻止物质燃烧的措施。

（10）什么是火灾？

答案：火灾是在时间和空间上失去控制的燃烧所造成的灾害。

（11）消防车和消防栓是什么颜色？

答案：红色。

（12）请列举出4种你知道的消防设施。

答案：灭火器、室内外消防栓、消防车、室外水泵结合器。

（13）凌晨2时，你突然被浓烟呛醒，发现自己的宿舍起火，这时你该怎么办？

答案：①发现宿舍着火以后，立即叫醒其他同事，迅速离开房间；

②报告公寓值班人员，切断电源；

③打电话报警；

④寻找起火部位和原因，利用楼内消防设施进行灭火。

（14）你会使用灭火器吗？说出4种常用灭火器的名称及其灭火类别，简要说明灭火器的使用方法。

答案：①干粉灭火器，适用于同体类物质、可燃液体、气体或带电设备的初期火灾；

②泡沫灭火器，适用于油类、一般同体物质（木、棉、麻、竹等）火灾；

③二氧化碳灭火器，适用于图书、档案资料等火灾；

④ 1211灭火器，适用于电子仪器等贵重物品火灾。

⑤灭火器的使用方法是拔出位于灭火器顶端的压嘴式开
关的保险销，用手握住喷筒（嘴）根部的手柄，按下压把，
对准火焰的根部。

（15）某女生宿舍在公寓的6层，公寓楼发生火灾以后，楼道内
火势很大，浓烟弥漫，无法从宿舍大门逃出。这时，甲同学吓哭了，
乙同学提了一大包东西准备逃离，丙同学急忙钻到床下边，丁和其他
几个同学商量准备跳楼。她们的做法对吗？如果你遇到这种情况，你
该怎么办？

答案：她们的做法不对。被火围困时，不要留恋财物，要尽快
想办法逃离火场。要尽量保持沉着冷静，尽快打电话报警，
或在窗口呼救，或向窗外抛枕头等小物品，夜间还可利
用手电筒、打火机等发出求救信号。不要盲目跳楼，可
就地取材自救，用绳索或把被面、床单撕成条状连接起
来，在窗户或床架上固定好，滑下，也可利用阳台、窗台、
楼面屋顶等进行自救。一时无法逃离火场或自救的，可
同守待援。

（16）火灾分为哪几类？

答案：4类，即同体物质火灾、液体火灾或可熔化的同体物质火
灾、气体火灾、金属火灾、带电火灾、烹饪器具内的烹
饪物火灾。

（17）灭火的基本原理有哪些？

答案：冷却、窒息、隔离和化学抑制四个方面。

（18）除特殊情况外，公共建筑的安全出口的数量不应少于几个？

答案：两个。

（19）哪些场所禁止燃放烟花爆竹？

答案：①区县党政机关驻地；

　　　②市级以上文物保护单位或场所；

　　　③车站码头、机场等重要场所；

　　　④重要军事设施；

　　　⑤存放易燃易爆物品的场所；

　　　⑥幼儿园、托儿所、医院、敬老院、疗养院、教学科研单位等场所；

　　　⑦内环线以内禁止燃放烟花爆竹；

　　　⑧其他需要禁止烟花爆竹的区域，由所在地区、县人民政府划定。

（20）什么叫疏散楼梯？

答案：能够符合消防安全疏散要求的专设楼梯（包括内敞楼梯、封闭楼梯间、防烟楼梯间、符合疏散要求的室外楼梯）。

（21）什么是燃烧？燃烧的必要条件是什么？

答案：燃烧是可燃物与氧化剂作用发生的放热反应，通常伴有火焰、发光和发烟现象；燃烧的三个必要条件为可燃物、氧化剂和温度（引火源），三者要有足够量并相互作用。

（22）什么是爆炸？爆炸分哪几类？

答案：由于物质急剧氧化或分解反应，使温度、压力增加或者使两者同时增加的现象称为"爆炸"；爆炸分为物理爆炸、化学爆炸和核爆炸。

（23）灭火器按充装类型分为哪几类？

答案：①水型灭火器；

　　　②泡沫型灭火器；

　　　③干粉灭火器；

　　　④卤代烷型灭火器；

⑤二氧化碳灭火器。

（24）灭火器按重量和移动方式分为哪几类？

答案：①手提式灭火器，重量在28千克以下，容量在10千克左右；

②背负式灭火器，重量在40千克以下，容量在25千克以下；

③推动式灭火器，重量在40千克以下，容量在10千克以内。

（25）室内消火栓口的出水方向宜朝何处？

答案：其出水方向宜向下或设置消火栓的墙面成90度。

（26）室内消火栓箱内应由哪些配件组成？

答案：箱体、室内消火栓、水带（或水喉）、水枪及电气设备。

（27）室内消火栓箱内的水带安置方式有哪几种？

答案：分挂置式、盘卷式、卷置式、托架式四种。

（28）确定消防安全重点单位的原则是什么？

答案：凡发生火灾可能性较大及一旦发生火灾可能造成人身重大伤亡或者重大损失的单位，应确定为本行政区域的消防安全重点单位。

（29）哪些类型的单位应列为消防安全重点单位？（列举4类即可）

答案：①商场（市场）、宾馆（饭店）、体育场（馆）、会堂、公共娱乐场所等公众集聚场所；

②客运车站、民用机场、码头；

③国家机关；

④重要的科研单位；

⑤医院、养老院和寄宿制的学校、托儿所、幼儿园；

⑥图书馆、展览馆、博物馆、档案馆以及具有火灾危险
　性的文物保护单位；

⑦广播电台、电视台和邮政、通信枢纽；

⑧服装、制鞋等劳动密集型生产、加工企业；

⑨发电厂（站）和电网经营企业；

⑩易燃易爆化学物品的生产、充装、储存、供应、销售单位；

⑪其他发生火灾可能性较大以及一旦发生火灾可能造成重
　大人身伤亡或者财产损失的单位。

（30）发生火灾的单位有哪些义务？

答案：发生火灾的单位必须立即组织力量扑救火灾，火灾扑救
　　　后，要按照公安消防机构的要求保护现场，接受事故调查，
　　　如实提供火灾事实的情况。

（31）油锅着火后，至少有几种扑救方法？

答案：①迅速用锅盖盖住油锅，窒息熄灭；

　　　②用将要炒的青菜倒入油锅，覆盖熄灭。

（32）当你发现液化石油气瓶、灶具漏气时应怎么办？

答案：①首先关闭气瓶角阀，并开窗通风，使可燃气体散开；

　　　②严禁动用电器和一切火源；

　　　③立即找液化石油站修理或更换。

（33）消防队扑救火灾收费吗？

答案：公安消防队扑救火灾不收费。

（34）民用液化石油气钢瓶为什么不能卧放？

答案：因为，当钢瓶立放时，瓶内的下部是液体，上部是气体，
　　　当打开角阀时，冲出的是气体，随气体的逸出，下部液
　　　体又逐渐气化，使瓶内上部气体始终保持一定的压力。

　　　如果钢瓶卧放，则靠近瓶口处多是液体，当打开角阀时，

冲出的是液体迅速气化，体积大约扩大 250 倍，这样多的气体，大大超过灶具的负荷。一种可能是窜起很大很高的火焰,引着附近可燃物另一种可能是: 气体来不及安全燃烧，就有发生爆炸的危险。

（35）使用电褥子怎样注意防火？

答案：①电褥子不能长时间通电，人员离开后必须切断电源；

②电褥子严禁折叠使用，防止电热丝损坏发生事故；

③沙发床不宜使用电褥子，而且电褥子开关必须放在不易碰触的地方；

④电褥子通电后如果产生过热现象，就应停止使用。

（36）家庭发生火灾后，您有几种逃生的方法？

答案：①发生火灾后，选择最近的逃生出口；

②逃离火场的路线上遇有浓烟烈火时，必须把自己的衣服淋湿，再找一块湿毛巾捂住口鼻，以起到隔热滤毒的作用；

③在有浓烟的情况下，采用低姿势撤离，视线不清时，手摸墙壁徐徐撤离；

④楼道内烟雾过浓，无法冲出时，应利用窗户阳台逃生，拴上安全绳或床单逃生；

⑤上述情况不具备时，不能盲目跳楼，应等待救援。

（52）烟头为什么会引起火灾？

答案: 因为烟头虽小，但其表面温度一般在 200 ℃～300 ℃之间，中心温度可达 700 ℃～800 ℃，一般可燃物（如纸张、棉花、柴草、木材等）的燃点都在 130 ℃～350 ℃之间，都低于烟头的温度。所以，乱丢烟头很容易发生火灾。

3. 教职工科普知识竞赛

一、选择题

(1) 山西洪桐县的明代监狱，因谁的故事而著名？　　　（　）

　　A. 苏三　　　　　　B. 窦娥

　　C. 于欢　　　　　　D. 海瑞

　　　　　　　　　　　　　　　　　　（答案：A）

(2) 以下哪一个银行是最早出现的近代银行？　　　（　）

　　A. 瑞士银行　　　　B. 花旗银行

　　C. 威尼斯银行　　　D. 雄鹰银行

　　　　　　　　　　　　　　　　　　（答案：C）

(3) 苍蝇飞落在某处就匆忙搓脚，它是在：　　　（　）

　　A. 清洁污物，准备开饭

　　B. 发射生物雷达波，探测食物

　　C. 辨别同类气味

　　D. 品尝味道

　　　　　　　　　　　　　　　　　　（答案：D）

(4) 海带怎样一煮就烂？　　　（　）

　　A. 加酒　　　　　　B. 加盐

　　C. 加醋　　　　　　D. 加味精

　　　　　　　　　　　　　　　　　　（答案：C）

(5) 产于福建的名茶：　　　（　）

　　A. 龙井　　　　　　B. 碧螺春

　　C. 雀舌　　　　　　D. 白茶

（答案：D）

（6）美国国务卿相当于我国的： （ ）

    A.总理   B.外交部长

    C.人大常务委员会委员长 D.民政部部长

（答案：B）

（7）我国草原候鸟冬天的栖息地在： （ ）

    A.印度洋北岸   B.东南亚

    C.中南半岛   D.云贵高原

（答案：A）

（8）中国第一部彩色故事片： （ ）

    A.《马路天使》   B.《十字街头》

    C.《红旗谱》   D.《祝福》

（答案：D）

（9）美国 1787 年宪法规定，解释宪法的权力在： （ ）

    A.国会   B.总统

    C.最高法院   D.国务院

（答案：C）

（10）人体的"百会穴"在： （ ）

    A.脑后部   B.腹部正中

    C.头顶正中   D.胸部正中

（答案：C）

（11）陕西乾陵武则天墓碑上有几个字？ （ ）

    A.一个字   B.两个字

    C.三个字   D.无一字

（答案：D）

（12）冬天倒开水时，容易爆破的杯子： （ ）

A. 很薄的玻璃杯   B. 很厚的玻璃杯

C. 越高的   D. 没区别

（答案：B）

二、抢答

（1）一只瞎了左眼的山羊，在它左边有一块牛肉，在它右边有一块猪肉，请问它怎样选择？

（答案：山羊是吃素的）

（2）中国农业银行发行的信用卡是？

（答案：金穗卡）

（3）电影《刘三姐》反映了哪个民族的生活故事？

（答案：壮族）

（4）古筝和古琴哪一个弦更多？

（答案：古琴）

（5）古书中男子手里常握有"三尺"，请问它指什么？

（答案：剑）

（6）好莱坞位于美国什么州？

（答案：加利福尼亚州）

（7）奥林匹克运动会的口号是？

（答案：更快、更高、更强）

（8）世界上最深的湖是？

（答案：贝加尔湖）

（9）谁是"中山装"的创始人？

（答案：孙中山）

（10）过去的腊月二十三，人们通常用什么来"祭灶"？

（答案：麦芽糖）

（11）"红娘"是哪部作品中的人物？

（答案：《西厢记》）

（12）人体最大的解毒器官是？

（答案：肝脏）

（13）挂表与手表哪个先问世？

（答案：挂表）

第三章　趣味知识问答

1. 百科知识竞赛抢答

（1）电子计算机发明于 1964 年。

（答案：错，1946 年）

（2）成都的市花是芙蓉花。

（答案：对）

（3）哈雷彗星的最早记录是波斯人。

（答案：错，中国人）

（4）汇入大西洋最长的河流是亚马孙河。

（答案：对）

（5）欧洲最大的半岛在北欧。

（答案：对）

（6）眉毛的生长周期是 6 个月。

（答案：错，2 个月）

（7）"芭蕾舞"是从意大利传进中国的。

（答案：错，法国）

（8）我国公安机关的性质是行政机关。

（答案：对）

（9）生铁又硬又脆是因为它含碳少。

（答案：错）

（10）电脑的中央处理器英文简写是CPU。

（答案：对）

（11）冰糖是用白砂糖做的。

（答案：对）

（12）国际马拉松跑的赛程是2万米。

（答案：错，42 195米）

（13）涮羊肉起源于元朝。

（答案：对）

（14）血液温度低的动物就是冷血动物。

（答案：错）

（15）胰岛素是一种蛋白质。

（答案：对）

（16）最早的血压计用于测量牛的血压。

（答案：错，马）

（17）美国历史上第一所高等学府是哈佛大学。

（答案：对）

（18）西印度群岛位于大西洋西部。

（答案：对）

（19）金庸的籍贯是中国台湾的台北。

（答案：错，浙江海宁）

2. 生活知识趣味问答

（1）用椰子和西瓜打头哪一个比较痛？

（答案：头比较痛）

（2）制造日期与有效日期是同一天的产品是什么？

（答案：报纸）

（3）为什么有家医院从不给人看病？

（答案：兽医院）

（4）有一头头朝北的牛，它向右转原地转三圈，然后向后转原地转三圈，接着再往右转，这时候它的尾巴朝哪？

（答案：朝地）

（5）什么东西天气越热，它爬得越高？

（答案：温度计）

（6）楚楚的生日在 3 月 30 日，请问是哪年的 3 月 30 日？

（答案：每年的 3 月 30 日）

（7）猴子每分钟能掰一个玉米，在果园里，一只猴子 5 分钟能掰几个玉米？

（答案：没掰到一个）

（8）什么贵重的东西最容易不翼而飞？

（答案：人造卫星）

（9）孔子是我国最伟大的什么家？

（答案：老人家）

第四章 趣味歇后语

1. 常用歇后语

八仙过海——各显神通

吹喇叭的打鼓——自吹自擂

碟子里扎猛子——不知深浅

断线的风筝——远走高飞

擀面杖吹火——一窍不通

榆木疙瘩——不开窍

三月里扇扇子——满面春风

打破砂锅——问到底

立秋的石榴——点子多

中秋节的月亮——正大光明

竹篮打水——一场空

张飞绣花——粗中有细

丈二和尚——摸不着头脑

纸老虎——外强中干

水底捞月——一场空

司马昭之心——路人皆知

螳臂当车——自不量力

初生的牛犊——不怕虎

绣花枕头——草包一个

小葱拌豆腐——一清二白

哑巴吃黄连——有苦说不出

混水摸鱼——想捞一把

鸡蛋碰石头——不自量力

姜太公钓鱼——愿者上钩

泥菩萨过江——自身难保

骑驴找驴——昏头昏脑

千里送鹅毛——礼轻情意重

秋蚕吐丝——作茧自缚

热锅上的蚂蚁——团团转

十五个吊桶——七上八下

一雷天下响——人人皆知

坐飞机讲哲学——高谈阔论

关公进曹营——单刀直入

诸葛亮的锦囊——神机妙算

头上点灯——自作高明　　　　半斤对八两——不相上下

外甥打灯笼——照（舅）旧　　葫芦里卖药——不知底细

瓮中捉鳖——手到擒来　　　　脚踩两只船——三心二意

砌墙的砖头——后来居上　　　撒了谷子拾稻草——不分主次

2. 动植物歇后语

牛吃稻草鸭吃谷——各自福　　柴草人救火——自身难保

萝卜敲金锣——越敲越短　　　猢狲屁股——坐不定

大象屁股——推不动　　　　　橄榄屁股——坐不牢

猪八戒照镜子——里外不是人　床底下放鹞子——大高而不妙

兔子尾巴——长不了　　　　　老鼠钻在风箱里——两头受气

豆芽菜碰着屋檐——老嫩　　　三只指头撮个田螺——稳拿

乌龟不咬人——吃相难看　　　蜻蜓吃尾巴——自吃自

3. 十二生肖歇后语

老鼠过街——人人喊打　　　　老虎上街——人人害怕

老鼠见了猫——骨头都软了　　老鼠吃猫——怪事

老虎当和尚——人面兽心　　　老鼠啃皮球——嗑（客）气

兔子的腿——跑得快　　　　　牛口里的草——扯不出来

兔子的耳朵——听得远　　　　老牛上了鼻绳——跑不了

兔子的嘴——三片儿　　　　　老牛拖破车——一摇三摆

兔子撵乌龟——赶得上　　　　　牛吃卷心菜——各人心中爱

两个人舞龙——有头有尾　　　　老虎下山——来势凶猛

叶公好龙——假爱　　　　　　　老虎上山——谁敢阻拦

龙灯胡须——没人理　　　　　　鸡毛做毽子——闹着玩的

鲤鱼跳龙门——高升　　　　　　蛇吃鳗鱼——比长短

鸡毛炒韭菜——乱七八糟　　　　蛇钻窟窿——顾前不顾后

鸡蛋壳发面——没多大发头　　　蛇入曲洞——退路难

狗吃乌龟——找不到头　　　　　马嚼子戴在牛嘴上——胡勒

狗扯羊肠——越扯越长　　　　　马尾巴搓绳——合不了股

狗逮老鼠猫看家——反常　　　　马打架——看题（蹄）

狗吠月亮——少见多怪　　　　　羊羔吃奶——双膝跪地

狗掀门帘——全仗一张嘴　　　　羊身上取鸵毛——没法

羊撞篱笆——进退两难　　　　　猪肉汤洗澡——腻死人

猴子长角——出洋相　　　　　　猪鬃刷子——又粗又硬

猴子看书——假斯文　　　　　　猪大肠——扶不起来

4. 四大名著歇后语

诸葛亮吊孝——装模作样　　　　猪八戒摔镜子——怕露丑

诸葛亮征孟获——收收放放　　　猪八戒买猪肝——难得心肠

诸葛亮弹琴——计上心来　　　　猪八戒招亲——黑灯黑人

诸葛亮当军师——名副其实　　　猪八戒的嘴巴——自我欣赏

猪八戒戴耳环——自以为美　　　猪八戒的武艺——倒打一耙

猪八戒相亲——怕露嘴脸　　　　张飞扔鸡毛——有劲难使

猪八戒不成仙——坏在嘴上　　　　张飞使计谋——粗中有细

张飞贩私盐——谁敢检查　　　　　关公的眼睛——睁不开

张飞穿针——大眼瞪小眼　　　　　林冲买宝刀——中了诡计

张飞卖肉——光说不割　　　　　　林冲上梁山——逼出来的

张飞战关公——忘了旧情　　　　　张飞吃豆芽——一盘小菜

唐僧看书——一本正经　　　　　　张飞卖秤锤——人强货硬

周瑜打黄盖——装样子　　　　　　诸葛亮哭周瑜——假悲假叹

周瑜讨荆州——费力不讨好　　　　曹操杀吕伯奢——将错就错

诸葛亮招亲——才重于貌　　　　　孙猴子吃蟠桃——自食其果

诸葛亮草船借箭——有把握　　　　卢俊义上梁山——不请自来

诸葛亮借箭——有借无还　　　　　诸葛亮用兵——神出鬼没

猪八戒背媳妇——心甘情愿　　　　晁盖的军师——无（误）用

林黛玉葬花——自叹命薄　　　　　关公斗李逵——大刀阔斧

孔明夸诸葛亮——自夸自　　　　　关公的脸——红到头了

5. 新歇后语

老鼠见了猫——拔腿就跑　　　　　大热天穿棉袄——不是时候

兔子尾巴——比狗还长　　　　　　老太婆吃柿子——专挑软的

大米的弟弟——小米　　　　　　　老鼠过街——人人喊打

天上的鸟——自由自在

第五章　趣味绕口令

1. 阿凡提骑毛驴

阿凡提，骑毛驴，手拿一条鱼。毛驴走路急，掉了手中鱼。阿凡提，下毛驴，下了毛驴去拾鱼。弯腰去拾鱼，拾鱼跑了驴。阿凡提，心里急，拾起鱼，追毛驴。追上毛驴骑毛驴，骑上毛驴手提鱼。

2. 嫂嫂打枣

嫂嫂用篙去打枣，枣树掉枣砸嫂嫂。嫂怪枣砸嫂，枣怪嫂打枣。要想枣不砸嫂，别用篙打枣。要让嫂不怪枣，枣树别掉枣。

3. 牛小妞骑牛

牛家小妞骑小牛，小牛不走气小妞。骑小牛的小妞，用鞭抽小牛。气小妞的小牛，用头抵小妞。牛抵小妞牛头扭，妞扭牛头牛不拗。牛怕小妞妞骑牛，牛家夸赞小妞妞。

4. 王婆夸瓜又夸花

王婆卖瓜又卖花，一边卖来一边夸，又夸花，又夸瓜，夸瓜大，大夸花，瓜大花好笑哈哈。

5. 狗咬柳小六

柳小六没事胡乱走，走到刘老九的大门口。门口的狗咬了柳小六的手，柳小六紧喊刘老九快看狗。刘老九屋内一个人也没有，白叫刘老九的狗把柳小六咬了一口。柳小六发誓没事不再胡乱走。

6. 哥挎瓜筐过宽沟

哥挎瓜筐过宽沟，赶快过沟看怪狗，光看怪狗瓜筐扣，瓜滚筐空哥怪狗。

7. 小牛赔油

小牛放学去打球，踢倒老刘一瓶油。小牛同家取来油，向老刘道歉又赔油。老刘不要小牛还油，小牛硬要把油还给老刘。老刘夸小牛，小牛摇头，你猜老刘让小牛还油，还是不让小牛还油。

8. 黑虎救猪

黑虎黑夜数黑猪，黑夜黑猪黑虎数。黑猪黑夜围黑虎，黑挤黑挨乱乎乎。黑虎难数黑猪数，急得黑虎呜呜哭。

9. 小王和小黄

小王和小黄，一块画凤凰。小王画黄凤凰，小黄画红凤凰，红凤凰黄凤凰，只只画成活凤凰，望着小王和小黄。

第六章　趣味谜语

1. 无中生有谜语

无中生有谜语即谜面为一张或数张空白无字的纸，"不着一字"的灯谜。

这类空空如也的谜乍看上去似乎令人很难下手，其实只要我们摸准它的诀窍，从"空""白""无"等方面去琢磨，便不难破解。

例如："一张空白的纸条，当谜条悬挂着"，打《西游记》中一人名，谜底则为"悟空"；打一食品名，谜底就是"光面"；用"粉颈格"（即谜底第二字为谐声字）打一中药名，谜底当作"白芷"（纸）。

"悬着两张空白纸条"，打唐诗《长恨歌》中的一句，谜底为"两处茫茫皆不见"，"连贴出七张空白纸条"，打一字，谜底则是"皂"字，而且这则谜的谜底和谜面一黑（皂）七白，相映成趣。

除了白纸的"不着一字"灯谜外，另有使用颜色纸的无文谜。曾有人以一张空白的红纸条，打一中药名，谜底为"一片丹"。

2. 金蝉脱壳谜语

这类灯谜，运用了谜底中文字互相抵消的办法，使得谜底和谜面丝丝入扣。

如"坍"（打二花卉名），谜底为"牡丹、牵牛"，牡丹去掉牛即成"坍"字了。

这类"金蝉脱壳"的谜语有个特点，那就是其谜底中必定隐藏着"无""少""去""空""失""没"等表示抵消的字和词，只要我们掌握这个特点，猜起来就容易得多。例如："妇女解放翻了身"（打两中药名），谜底是"山药、没药"；"山药"之中没有"药"字，恰成"山"字，以扣谜面（"妇"里"女"字解放，再翻个身即为"山"）。

"金蝉脱壳"的方法当然不只限于在谜底之中使用，谜面上也可使用。例如："大油田出油"（打一字），谜底是"奋"；谜面五个字中"油、出油"互相消除，仅有"大田"来组成"奋"字。这种谜谜味盎然，煞是有趣。

3. 欲擒故纵谜语

这类谜，作者在谜面上罗列人们习惯组合在一起的词句，却故意将其中的一个漏写，卖个破绽，看猜者能否觉察。

例如，有一旧谜："金、银、铜、铁"（打我国一地名），谜底为"无锡"。这谜若从字面上寻思，无法破的，反过来从俗称"金、银、铜、铁、锡"为"五金"上想，就会发现漏了个"锡"，"无锡"就猜出了。这类谜的一个共同特点，是在一些约定俗成的同类词排比罗列时漏去其中一个，因此就要当心谜面中有没有"故纵"的字眼，如有的话，紧追漏词不放，细加琢磨，准能猜中。

例如，谜面是"红、橙、绿、蓝、紫"（打一成语），我们就只有从"光谱"中的七种颜色去猜了。列举了五种，尚缺"青黄"二色，从这上面想去，谜底便不难猜出了，是"青黄不接"。

还有在常用的数字中漏去一字的，如"壹、贰、叁、肆、伍、陆、柒、捌、玖"（打中国一古典小说）。请注意，这里都是大写的数目字，中间遗忘了个"拾"，谜底当是"拾遗记"。

有人还将数学符号拉来入谜。如"＋－＋"（打一作家名），谜底是"艾芜"，即去掉偏旁部首，以"×元"相加，此谜另辟蹊径，饶有风味。

当然，有时候作者漏掉几个词，你就要特别留心，从谜面上搜索，勿被瞒过。

猜这类谜还有一个诀窍，就是这些谜的谜底中总离不开表示没有（如无、少、缺、欠、遗、失等）意义的字，将谜面中漏去的词再加上上述的字，就是你猜的谜底了。

4. 抛砖引玉谜语

这类谜语是面底呼应，承上启下，而不是会意体，对诗词类较适合，往往是写出一些名句的上句，要猜的人依此推出下句的含义，再思索谜底。

例如，用李白《送汪伦》中的"桃花潭水深千尺"打一成语，谜底是"无与伦比"。因该诗下句是"不及汪伦送我情"，以再没有比汪伦对我的情深的意思，烘托出谜底。

除了诗外，用词的也常有之。以李清照的《如梦令》句"试问卷帘人"为谜面，打一纺织品名，谜底是"花呢"。这词从下半截的词意中，我们获知作者在问卷帘人庭院之花怎样了？所以，这里的谜底应理解为疑问口气"花呢？"

猜这类"承上启下"的灯谜，就要求猜者熟读古典诗词，见此及彼，得心应手地解开谜底。

5. 瞒天过海谜语

这类谜语是将字、物扭转成不同的角度后形成谜面。

例如，把"夫"写颠倒为"￥"（打一曲艺形式），谜底为"二人转"。这个"转"字活化出谜面的神态，有趣极了。

根据扭转的程度不同，我们可得出不同谜底来：如"X"（打一京剧名），因为它是个"十"字倾如斜坡，故谜底当是"十字坡"。

这种谜是将谜面上的字故意扭转，因此谜底总离不开"倒"

"颠""反""转""侧""歪""斜"等意义，如果我们明了这一点，猜起来就八九不离十了。

6. 迷魂阵谜语

此类谜语往往加注有迷惑人的说明：如在谜面旁加注着一些诸如"此谜出丑""此谜见不得人""此谜请勿见笑"等自谦之词，或加注鼓励和自诩的词或话，你可千万别以为这是作者虚怀若谷，须知这正是在故布疑阵，切莫被其瞒过。因此，我们猜谜的时候，尚需将这些自谦鼓励之词也算作谜面的一个组成部分去动脑筋，才有可能猜中谜底。

例如，"空欢喜"（打一战国人名）注有"此谜见不得人"，谜底为"伯乐"。"见不得人"，即是将谜底中"伯"去掉"人"，剩下"白乐"来扣合谜面。

添有鼓励字眼的，例如，"一伙懒汉"（打一成语）注有"此谜用心便能猜中"，谜底为"各不相干"。"用心便能猜中"意为用上一个心字，此谜便迎刃而解了，使谜底从"各不相干"变成"各不想干"，不正是谜面"一伙懒汉"的写照吗？这种不露痕迹的鼓励话，也不能忽视。

加注自诩词话的是乍看之下，好像制谜者在用"激将法"向猜谜者挑战，其实这也是迷魂阵，也该将这些自诩词作为谜面的一个组成部分，去推敲出谜底来。

例如，"陕西姑娘"（打词牌名一），注有"此谜休想猜出"，谜底是"《忆秦娥》"。"休想猜出"四字是交代不要这"想"（即"忆"字）才能猜出，就留下"秦娥"来紧扣"陕西姑娘"谜面了。

任凭制谜者怎样巧设疑阵，只要我们懂得附加的字句皆为谜面不可分割的一部分，据此细加思索，这些迷阵是不难被破掉的。

7. 连环计谜语

连环计谜语即字词或物重写或重放置。

例如，"爸爸"（打一清代著名学者名），谜底是"严复"。"爸"即为"家严"，"爸爸"二字为严复。

"叠字谜"大多在谜底中隐藏着数字，而这个数字与谜面叠字的多少有关，只要掌握这个关键，破谜也就不难了。

例如，"泳泳泳泳泳泳"（打一宋代诗人名），谜底为"陆游"。

但"叠字谜"并不是千篇一律的，如果让谜面来个转折，那么就显得有趣曲折了。

例如，"袭袭袭袭袭袭袭袭袭袭袭袭"（打一京剧名）。十二要看做一"打"，袭字即龙衣，故而谜底是"《打龙袍》"。

第七章 笑 话

1. 摔破了

小明在胡同口捡到了 10 元钱，兴冲冲地跑去告诉邻居小红，小红却信誓旦旦地说"这一定是我今天早上不小心掉在胡同口的那张

10 元钱！"

小明说："你确信是你的 10 元钱？可是，可是我捡的是两张 5 元的。"

小红说："那一定是掉在地上的时候给摔破了！"

2. 孵小鸡

老师跟一群小朋友上生物课，看了孵化小鸡的全过程。

老师问："看见小鸡从蛋壳里钻出来，大家觉得奇怪吗？"一个小朋友举手说："奇怪。老师，要是能看见小鸡是怎样钻进蛋壳的，那就更奇怪了。"

3. 吃蛋糕

妈妈："餐柜里今天早晨还有两块蛋糕，怎么现在只剩下一块。"

儿子："我怎么会知道呢？餐柜那么高，又那么黑，我去找也只找到一块。"

4. 马医生的女儿

一位出名的内科大夫有个小女儿，凡遇别人问她是什么人，总说她自己是"马医生的女儿"。

母亲加以纠正，理由是：太叫人觉得势利。

她对女儿说："从今以后，只说你自己是马小妹就行了。"

过了几天，医生的一位同事碰到她"你不是马医生的小女儿吗？"

小女孩说："我一向认为是，但妈妈说不是……"

5. 真可恶

生病的小铭在家中休息，电话铃响了，他拿起电话听一下就挂上了。

父亲很奇怪，问他为什么。

他气鼓鼓地说道"那边那人真可恶，我都生病了，他还说：'你好啊！'"

6. 反对到底

富尔顿第一次公开展示他发明的蒸汽船时，没有人相信这东西动得起来。两岸群众不断说"动不了，动不了，绝对动不了！"没想到船一下子发动了，夹着蒸汽和轰鸣声向前驶去。群众瞠目结舌看了好一会儿后，改口说"停不了，停不了，绝对停不了！"

7. 莎士比亚

甲：如果莎士比亚现在还活着，一定会有很多人跑去瞻仰他。

乙：废话！谁不想看看一个活了 *400* 多岁的人到底长什么样子。

甲：………

第八章　魔　术

1. 断指速接

表演者走到台前，向观众鞠躬，然后向观众张开双手，证明自己的双手完好无缺。表演开始，用右手大拇指和食指紧捏着左手的大拇指，左右移动。突然，表演者的右手在右方猛地一拉，"哎呀"一声，左手大拇指被拉成了两段。可是，不到几秒钟又接好了。如此反复，拉断又接上，接上又拉断。

表演者左手的大拇指根本没被拉断。其秘密就在手的功夫上，动作要迅速。原来，表演者在用力拉左手拇指的瞬间，左手的大拇指迅速朝下弯曲。与此同时，右手的大拇指朝前一弯，在食指的掩护下左右一移，看上去就像拉断左手大拇指一样。接上时，右手食指和大拇指往左推去，弯着的左右手大拇指迅速一并，被拉断的左手拇指就接好了。只要动作配合得好，观众看起来像真的把大拇指拉断又接上一样，非常逼真。

但在表演时必须注意，在两只大拇指并成一只时，一定要把左手的四指伸直，看上去才像真的接上一样。

2.香烟自立

舞台上摆着一个小方桌，表演者表演完上一个节目后，助手送上一盒香烟。助手先面向观众展示香烟，然后递给表演者，助手退场。表演者接过香烟后，当众打包，取出数支，随即把香烟盒和已拿出的香烟放在小方桌上，手中留一支。表演者用右手拿起香烟，放在左手掌心中间，把它竖立起，但右手一放开，香烟就倒下了，反复几次都没成功。于是，表演者随手把香烟放回桌上。接着，看看自己的双手。然后把双手相互搓几下，又拿起香烟做起了原来的动作。只见他目光凝视香烟，手掌平衡移动，左手掌上的香烟却竖立不倒。这时，他用右手当扇子，朝下往左手掌扇几下，立着的香烟就慢慢地倒下了；又朝上扇几下，香烟又自如地立起来了。反复动作，掌上的香烟一会儿躺下，一会儿立起，非常听从表演者的使唤。

香烟能立在手掌上，能自动卧倒、立起，其诀窍是什么？原来，这支香烟的一头黏着一小条橡皮膏（用风湿伤痛膏为佳，其黏性较好）。表演时，表演者擦了擦手掌，到桌上拿香烟的时候，调换事先准备好的粘有膏布的那支香烟。（这支烟事先装在烟盒里，往外拿香烟时，与其他香烟一起拿出，放在方桌上）。要它立着时，只要把贴在香烟下头的橡皮膏一按，香烟就粘在手掌上了。香烟粘放位置，略靠大拇指一边，大拇指稍微向里一松，香烟就卧倒了；大拇指往外撑开，香烟就立起来了。用右手当扇子，只不过是虚张声势而已。有的人要问，橡皮膏布不是会被观众发现吗？不会的，因为是在台上表演，只要动作熟练、自如，观众是看不见的。

3. 口中串珠

　　表演桌上放着一个空玻璃杯、一只热水瓶、一块洗脸毛巾、一团棉线和一只浅口圆盘。

　　表演者来到桌旁，拿起玻璃杯，杯口朝下，表示杯子确实是空的。然后，从上衣口袋中取出一个 1 寸见方的小纸包，原来是一包茶叶，将茶叶倒进玻璃杯中，拿起热水瓶，滚热的开水注入杯中，一霎时茶叶就泡开了，是一杯琥珀色的红茶。然后，表演者将那只小圆盘拿起来，走到台前，将盘子放低一些，让观众看清里面是一盘彩色的小珠子（如黄豆一般大小，玩具店有售），表演者抓起一把，又撒回盘中，证明这些珠子是分散的，没有连在一起。

　　表演者走回桌旁，当众张开嘴，将盘中的珠子一粒一粒地放进嘴里，放了 20 粒左右，才停下来。放珠子的动作非常清晰，让观众都看得清清楚楚。然后，走到台前，张开嘴，让观众看清珠子确实在嘴里。

　　表演者端起那杯红茶，喝了一口，骨碌一声，同时做了一个很艰难地往下吞的动作。然后，面对观众，将嘴张开，观众一看，嘴里一粒珠子也没有，显然是吞进肚子里去了。表演者拿起毛巾，揩去嘴唇上的水渍。再从线团上解下一段 1.5 尺长的棉线，拉断，绕成一小团放入嘴里。然后，右手在空中虚抓一把，再向口中虚掷一下，接着右手的食指和拇指伸进嘴里，掏了一阵，掏出一段线头来，扯着这段线头向外拉，哈！竟拉出一串珠子来，约摸有 20 多粒，好像是吞进肚中的那 20 多粒珠子，自动地串到这根线上被拉了出来。

111

吞进肚中的珠子会自动串好再从嘴里拉出来吗？

当然不会！这套小魔术的秘密就在桌上的毛巾和茶杯里。

茶杯里泡上红茶，为的是颜色深，可以起保护作用。那块毛巾本身并没有什么秘密，只是在表演前要在里面藏好一串珠子。这串珠子约 20 余粒，与放进口中的珠子数目相等，其形状也与放在浅口盘中的珠子相同。表演时，毛巾不是主要的道具，不需要交代，所以观众不会发现其中的秘密。

表演时，先泡好茶，再交代珠子，证明盘里的珠子是分散的；将珠子一粒一粒地放入嘴里，目的是拖延时间，让杯中的茶泡开放凉；端起茶杯，喝几口茶，表示用茶将珠子冲下去。其实，秘密就在这儿。表演者在喝茶的时候将珠子吐进杯中。珠子是彩色的，新泡的红茶又很浓，所以珠子落进杯中，和茶叶混在一起，观众根本就看不出。但喝了几口茶以后，仍需装出一个往下吞的动作，似乎是将口中的珠子完全吞进肚里去了。然后，张开嘴，给观众看一看，表示嘴里是空的。那么，珠子到哪里去了呢？依观众看来，当然是吞进肚里去了。

然后，拿起桌上的毛巾，似乎是揩去嘴上的水渍，但实际上是将手巾中的已经串好的珠子趁机送入嘴里。揩嘴巴是个很自然的动作，观众万想不到其中有秘密。从线团上扯下一根 1.5 尺长的线，绕成一团，塞入嘴里，让观众认为那串珠子是在嘴里串的。其实，线团放入嘴里后，把它藏在舌根下。然后，做了一个虚抓虚掷的动作，用来迷惑观众。将右手的食指和拇指伸进口中，寻找那串珠子的线头，向口外拉出。拉的时候动作不要太快，可以将珠子一段段地拉出。这样，口中串珠的奇妙现象，就发生了。

这套魔术的关键，就在喝茶和擦嘴那两个动作上，向杯中吐出珠子及从毛巾中含进珠子，动作都必须自然、迅速。

4.气球提起气罐子

表演者手提一个空咖啡罐上场，把空咖啡罐放在方桌上，再从上衣口袋里拿出一个橡胶气球，并把它吹胀，然后将它压在空咖啡罐的罐口上。这时，表演者向观众表明他将不用任何方式接触罐子，就能把它连同气球一起提起来。

表演开始，表演者提起气球，但罐子没被提起来。表演者就从气球中放出一点空气，并再试一次。最后，放出足够的空气，使气球变得比铁罐直径小，把气球放入罐里，然后吹入更多的空气。当气球膨胀时，越来越大的空气压力，使它在铁罐的内壁上扣得更紧，就像旧式汽车内胎顶住轮胎壁一样。随后，夹住气球颈部，不让空气漏出。提起气球，咖啡罐也跟它一起被提了起来。有一点要注意的是，只需少量的额外压力，就能提起咖啡罐，所以一定要适可而止，否则压力增加太大，气球会破裂。

5.直线钓花瓶

表演者先出场，随后助手从对面跟出。表演者鞠躬后，助手拿出一只高约 18 厘米、瓶口直径约 2 厘米的细颈陶瓷花瓶，和一根长 50 厘米左右、直径 5 毫米左右粗的软棉绳，递给表演者。助手用手示意，请观众看表演，然后退场。表演者把陶瓷瓶和软棉绳展示给观众，然后把绳子放入花瓶口中。只见他任意摆弄几下，花瓶就被悬空钓了起来。他提着花瓶走了一圈，花瓶也没有掉下来。

演毕，有的观众怀疑绳头有秘密，表演者再次展示绳头，证明绳头没有秘密。

这套小魔术是有秘密的，但不在绳头上，而在花瓶里。花瓶里预先放入一只小橡皮球，比瓶口略小一点。在表演中，表演者一边对观众说话，一边自然地持花瓶做适宜的运动，使小橡皮球滚到瓶颈处而系住绳子。这样，只要把绳子提起，花瓶当然也随着悬空拎起。若要当众使绳和瓶脱离，只需在花瓶底上轻拍一下，让球从瓶颈脱落，绳子便可拿出来了。

6. 纸团失踪

表演者走上台来，从事先准备好的方桌上拿起一小张白纸，当众把它搓成一个小纸团，放在左拳中间，然后用右手食指把小纸团直捅掌心里。再从口袋里掏出一支笔，同样把它也往左拳里捅，一直捅到底，接着从拳底下抽出这支笔。此时，张开左拳，观众惊异地发现小纸团已不知去向了。

窍门在于，在用右手食指捅小纸团时，左拳中的纸团被右手"吃"掉了。表演者握起重拳时，无名指、小指捏得较紧、大拇指、食指、中指捏得较松，这样左拳中间就构成了一个小洞。当拳心中间的小纸团要往右一手过门的瞬间，右手空拳略放低些，只要将右手食指往里一弯，左手拳往右手空拳一抖动，小纸团即落进右手的空拳里了。接着，迅速抬高右手空拳，用右手食指再做几下捅小纸团的动作，以此造成假象，迷惑观众。然后，当右手从口袋里取笔时，趁机把小纸团放在口袋里。这样，用笔去捅时，自然小纸团就不见了。

7. 节日礼品盒

表演者先走上舞台，向观众敬礼。这时，一位助手手捧一只方筒形的纸盒子和一只较大的玻璃匣由对面出场。匣内装满了五色缤纷的纸屑。助手站定后，将纸盒交给表演者。

表演者先向观众展示方筒形的纸盒，盒上有盖，盖的中心开有一个小圆孔，伸一个指头进去，便把盖子揭起来。盒内有底，从深度上看来，盒内确实是空的，没有夹层。再伸手到玻璃匣中，抓起两把纸屑，撒向空中，彩色缤纷，随风飘舞，非常美观。接着，把纸盒拿到玻璃匣里，装满纸屑，盖上盒盖，用手对着盒子做一个变化的姿势，揭开盒盖，顺手一探，便取出一朵红色的纸花，一朵接一朵，不断取出。取出后抛给观众。每朵花带上都用彩色丝线系着一张小卡片,写着"恭贺新禧"。表演者再对纸盒做一个投入的手势，探手进去，又取出许多饼干来。助手又赶紧拿一只盒子来接着。饼干取完，又拿出一些动物玩具，如小鸭、小兔、小狗、小猫等，摆满一盘。这时，表演者再展示纸盒，证明一点机关也没有。

这套魔术很精彩，但设备却很简单，可以自制。先用纸板做一只"机关"纸盒，高 27 厘米，底 13 厘米见方。下面的底，是一块方形的纸板，中间开了一个 1.3 厘米大的圆孔，用一层薄纸贴上，将孔遮没，纸底板较盒身稍小，把它嵌入盒内离底边 0.6 厘米处，不用粘牢，再做一只浅边的盖子，盖高 1.6 厘米，以套在盒口外不松不紧为适宜。这只盒我们暂名为"外盒"。

再做一只比外盒小一点的内盒。盒高 26 厘米，底约 13 厘米见方（大小以套入外盒，不致滑出为度），盒身有底而无固定的盖，盖子和外盒的底相似，也是一块方纸板，中间开一 1.3 厘米大的圆孔，糊薄纸遮没，大小恰好可放入盒口，嵌在离盒口边 0.6 厘米处，作为临时的盒盖。

玻璃匣也是纸板做成的，没有"机关"。匣长 60 厘米，宽 40 厘米，高 30 厘米，前壁做成长方的框形，框的四边各长 5 厘米，再在后面（即向盒内的一面）衬一块玻璃，用纸条贴边粘牢，使玻璃不会移动。

两只盒子和一只匣子做好后，外盒和玻璃匣外面，可加绘彩色图案，这样可以增加道具的美感，内盒的外部（连同底板活盖），薄薄地粘上一层彩色纸屑。做道具用的纸屑应准备得多一些，剪成 1.1 厘米大的方块，装满玻璃匣子。

演出前将几件小玩具(纸制或碎布制成,体积应小一些)装入内盒，再装上一些饼干和带卡片的花朵，然后将纸板盖入盒口里面。

内盒斜卧在玻璃匣中，再把各色纸屑倒进去，装得满满的，内盒隐藏在纸屑里，无从看见。同时，因盒外已遍粘各色纸屑，起了保护色的作用，即使偶然露出一点，也不会被察觉。

表演时，揭去外盒的盖子，把盒子拿到玻璃匣中装纸屑时，便把外盒底边套住内盒上部，一手向后压，一手装入纸屑，此时外盒的活底被挤向上移动,内盒全部进入外盒，紧紧套住,盒里似乎装满纸屑，事实上只有薄薄一层，罩上盖子，做个手势，从盖中圆孔上伸进食指，穿入两块活极孔中，一并钩起揭开，然后将里面预藏的纸花、饼干、玩具等彩品一件件"变"出来。

8.剪不破的手帕

表演者从口袋里掏出一块红绸帕，从中间部分拎起，握于拳中，只留着一部分露出拳外。接着，请一位观众上来剪帕。剪刀一动，一小块绸布随即轻轻地飘落地上。这时，剪帕者拾起被剪掉的小块绸，面向观众举起，然后再递给表演者。表演者再把小块绸示意给观众，然后把小块红绸塞进拳头，塞好后，再拎起红绸帕两角展开，完整的红绸帕没有一点破处，和原来一样出现在观众眼前。

这套小魔术的秘密在于：预先在一个肉色的指套内塞着一小块红绸，再把指套戴在大拇指上。当拎起红绸帕握在拳中时，乘机把假指套脱下，也握于拳中，再顺势将假指套中的小块红绸拉出一部分，以让人随便去剪。

然后，把剪下的小块红绸塞入拳中，乘机将假指套戴上，再拎起红绸帕的两角展开，由于假指套被红绸帕一角遮住，所以观众看不出大拇指上有指套的秘密。

（注：如果没有肉色指套，可用牛皮纸代用制成）

9.摸牌猜点

表演者拿出一副扑克牌，当众散开，并反复给观众看，表明这副扑克牌与普通扑克牌一样。

表演开始，表演者请一位观众，从牌中任意抽出一张，将牌的背面递给他，只见他上下摸了一会儿，略一思考，就笑笑说："颜色是红的，1、2、3……是方块 6。"牌点果然被猜对了。接着大家轮流抽牌给表演者猜，他都一一猜对了。

但魔术总是假的。原来，表演者在右手的食指和中指之间，夹着一枚新的图钉。通过图钉的反光作用，能清清楚楚地看见牌上的点数（其实照一照牌边上的点数就够了）。摸牌时，表演者的动作自如逼真，即使已经看清牌点，也不马上讲出来，而是反复地从上而下，从左到右，装模作样地摸着，尽力通过这些假动作，让观众对他的"摸牌猜点"信以为真。

10. 蛋落杯中

表演者首先在表演桌上放着四只装着水的高玻璃杯。四只杯子上平放一个方盘，盘上竖立四只大线轴，每只线轴对准一只杯子，在线轴顶上分别放一个熟鸡蛋，各蛋都靠其大端平衡。

表演开始时，表演者先把这些东西示意给观众。然后，表演者对准盘和线轴用力而快速地一击，盘和线轴都被击掉了，而蛋却笔直地掉入玻璃杯中，把水溅得很高，但蛋丝毫没有破损。这到底是什么原因呢？

说来并不困难，惯性是造成蛋落入水杯的因素。静止物体都有这种倾向，除非某种力或动作使它们运动。要是盘慢慢地被从杯上推开，线轴和蛋只会和盘一起被推掉。但有力地打击它，盘和线轴被非常迅速地打掉，因此施加在蛋上的横向力极小，而惯性则让它们向下掉落。

另外，方盘和杯缘之间的摩擦力也在起作用。如果玻璃杯是空的，方盘是重的，那么施加在杯子上的力足以把它们全推倒。但水的重量使杯子保持稳定，而使用轻盘则减小摩擦力，因此玻璃杯自然立在原处。

蛋的重量把轻线轴紧压在盘上，但打一下，摩擦力就起了作用。盘把线轴带走，而线轴和蛋之间的接触很快就消除了，因此表演者的打击动作对蛋的效用虽微不足道，但不致于搅乱它们的垂直下落。

第九章　棋牌类游戏

1. 军　棋

军棋是我国深受欢迎的棋类游戏之一。军棋游戏可以支持2人对战也可支持2人大战。当4人游戏时，4人在棋盘上分占4角，分为两方，相对的两家联盟与另外两家对抗，互相配合战斗。2人游戏时，则分占棋盘的上下2角，相互作战。

游戏说明

行走路线包括公路线和铁路线，显示较细的是公路线，任何棋子在公路线上都只能走一步；显示为粗黑的为铁路线，铁路上没有障碍时，工兵可在铁路线上任意行走；其他棋子在铁路线上只能直走或经过弧形线，不能转直角弯；棋子落点包括结点、行营、两个司令部；

行营是个安全岛，进入以后，敌方棋子不能吃行营中的棋子；军旗必须放在司令部中；进入任何司令部的棋子不能再移动。

棋子布局的限制：炸弹不能放在第一行；地雷只能放在最后两行；军旗只能放在司令部。

吃子规则

地雷小于工兵，大于所有其他棋子；司令 > 军长 > 师长 > 旅长 > 团长 > 营长 > 连长 > 排长 > 工兵；炸弹与任何棋子相遇时，双方都消失。

胜负判决

最后幸存的一方为胜家，军棋被扛、无棋可走超时 5 次都会被判负。

2. 象 棋

中国象棋是中国一种流传十分广泛的游戏。下棋双方根据自己对棋局形式的理解和对棋艺规律的掌握，调动车马，组织兵力，协调作战，在棋盘这块特定的战场上进行着象征性的军事战斗。

规则介绍

以下一些名词是对中国象棋的棋盘与棋子的一些说明。

（1）棋盘

棋子活动的场所，叫做"棋盘"，在长方形的平面上，绘有 9 条平行的竖线和 10 条平行的横线相交组成，共 90 个交叉点，棋子就摆在这些交叉点上。中间第五、第六两横线之间未画竖线的空白地带，称为"河界"；整个棋盘就以"河界"分为相等的两部分；两方将帅坐镇、画有"米"字方格的地方，叫作"王宫"。

（2）棋子

象棋的棋子共 *32* 个，分为红黑两组，每组各 *16* 个，由对弈双方各执一组，每组兵种是一样的，各分为 *7* 种。

红方：帅（*1* 个）、仕（*2* 个）、相（*2* 个）、车（*2* 个）、马（*2* 个）、炮（*2* 个）、兵（*5* 个）

黑方：将（*1* 个）、士（*2* 个）、象（*2* 个）、车（*2* 个）、马（*2* 个）、炮（*2* 个）、卒（*5* 个）

其中，帅与将、仕与士、相与象、兵与卒的作用完全相同，仅仅是为了区分红棋和黑棋。

（3）各棋子的走法说明

①将或帅移动范围：只能在王宫内移动。

移动规则：每一步只可以水平或垂直移动一点。

②士移动范围：只能在王宫内移动。

移动规则：每一步只可以沿对角线方向移动一点。

③象移动范围：河界的一侧。

移动规则：每一步只可以沿对角线方向移动两点；另外，在移动的过程中不能够穿越障碍。

④马移动范围：任何位置。

移动规则：每一步只可以水平或垂直移动一点，再按对角线方面向左或者右移动；另外，在移动的过程中不能够穿越障碍。

⑤车移动范围：任何位置。

移动规则：可以水平或垂直方向移动任意个无阻碍的点。

⑥炮移动范围：任何位置。

移动规则：移动起来和车很相似，但它必须跳过一个棋子来吃掉对方的一个棋子。

⑦兵移动范围：任何位置。

移动规则：每步只能向前移动一点；过河以后，它便增加了向左右移动的能力，兵不允许向后移动。

关于胜、负、和

对局中，出现下列情况之一，本方算输，对方赢：

①己方的帅（将）被对方棋子吃掉；

②己方发出认输请求；

③己方走棋超出步时限制。

3. 五子棋

五子棋是起源于中国古代的传统黑白棋种之一。亦有"连五子""五子连""串珠""五目""五日碰""五格"等多种称谓。

五子棋比赛规则的解释

①五子棋是两个人之间进行的竞技活动，由于对黑方白方规则不同，黑棋必须先行；

②五子棋专用盘为 *1515*，五连子的方向为横、竖、斜；

③禁子是对局中被判为负的行棋手段。白棋无禁子；

④在棋盘上以对局双方均不可能形成五连为和棋；

⑤在对局中，以在盘上落下的子又拿起来为拔子，判负，在对局中，一方自行终止比赛，判负；

⑥黑方在落下关键的第五子即形成五连的同时，又形成禁手；此时因黑方已成连五，故禁手失效，黑方胜。

⑦黑方形成禁手，是指黑方一子落下同时形成两个或两个以上的活三、冲四及长连禁手，此时白方应立，即向黑方指出禁手，自然而胜。

特殊规定

职业连珠五子棋虽然对黑棋采取了种种限制，但是黑棋先行的优势依然很大。因此，在高段位的职比赛中，又出现了三种特殊的规定。

（1）"指定打法"

比赛双方按照约定好的开局进行，由白棋先行。例如，"明星局""花月局"等。

（2）"三手可交换"

黑棋下第 2 手棋（盘面第 3 着棋之后，白方在应白 2 之前，如感觉黑方棋形不利于己方，可出交换，即执白棋一方变为执黑棋一方（此方法不适用指定局打法，而用于随意开局）。

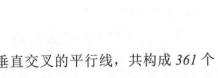

（3）"五手两打法"

黑棋在下盘面上关键的第 5 手时，必须下两步棋，让白方在这两步棋中任选一步，然后再续下。

4. 围　棋

围棋的棋具

（1）棋盘

盘面有纵横各 19 条等距离、垂直交叉的平行线，共构成 361 个交叉点（以下简称为"点"）。在盘面上标有几个小圆点，称为"星位"，中央的星位又称"天元"。

（2）棋子

棋子分黑白两色，均为扁圆形。棋子的数量以黑子、白子各180个为宜。

围棋的下法

①对局双方各执一色棋子，黑先白后，交替下子，每次只能下一子；

②棋子下在棋盘的点上；

③棋子下定后，不得向其他点移动；

④轮流下子是双方的权利，但允许任何一方放弃下子权。

棋子的气

各棋子在棋盘上，与它直线紧邻的空点是这个棋子的"气"。棋子直线紧邻的点上，如果有同色棋子存在，则它们便相互连接成一个不可分割的整体，它们的气也应一并计算。棋子直线紧邻的点上，如果有异色棋子存在，这口气就不复存在。如所有的气均为对方所占据，便呈无气状态，无气状态的棋子不能在棋盘上存在。

提子

把无气之子提出盘外的手段叫"提子"，提子有两种：

①下子后，对方棋子无气，应立即提取；

②下子后，双方棋子都呈无气状态，应立即提取对方无气之子。

禁着点

棋盘上的任何一点，如某方下子后，该子立即呈无气状态，同时又不能提取对方的棋子，这个点叫做"禁着点"，禁止下子。

禁止全局同形再现各终局

（1）棋局下到双方一致确认着子完毕，为终局。

（2）对局中，有一方中途认输，为终局。

活棋和死棋

终局时，经双方确认，不能避免被提取的棋，都是死棋。终局时，经双方确认，不能被提取的棋，都是活棋。

计算胜负

双方下子完毕的棋局，计算胜负采用数子法。先将双方死棋全部清理出盘外，然后对一方的活棋（包括活棋围住的点）以子为单位进行计数。双方活棋之间的空点各得一半，一个点即为一子。胜负的基准以棋局总点数的一半 $1801/2$ 点为归本数。凡一方活棋与所属空点的总和大于此数者为胜，小于此数者为负，等于此数者为和。

5. 跳 棋

跳棋来自 *1892* 年的德国，由四角跳棋改良而成，流传到新大陆时为增添神秘东方色彩，被命名为"中国跳棋"。跳棋规则简单易懂，一玩就会，实在是一种能使人心情的益智棋戏。

基本规则

①游戏人数：*2*，*3*，*4*，*6* 人。

②营区：起初 *10* 颗棋子的放置位置，是一个正三角形。

③目标：*10* 颗棋子要奔向对家，完全占领正对面的营区。

④入营：棋子进入目标营区。

⑤走子：只能一步走。

⑥棋子可六个方向走动，每步只能达到相邻的空位上。

⑦跳子：可以连续跳。

⑧一子跳棋规则：隔一个棋子可以跳。

⑨空跳棋规则：像跷跷板一样，一个棋子在中间，两旁有相等的空位，就可以直接跳到对称位置上。

跳棋小技巧

①开局可以快速出子，先手尤其要制订自己的战术，贯彻下去以保持先机；

②中盘注重攻守平衡，整体推进，最忌讳对手以少量兵力占据要津，甚至分割棋势，先手注意快攻压制，后手注意防稳觅机；

③收宫决战，注意不要因急入营，而忘记为后续棋子搭桥助跳。

防止消极

每位玩家在第20、25、30轮时，离开本营的棋子必须分别达到5、8、10颗，否则会被判消极而失败。

6. 斗地主

该游戏由3人玩一副牌，地主为一方，其余两家为另一游戏规则（一副牌规则）。

发牌

一副牌54张，一人17张，留3张做底牌，在确定地主之前玩家不能看底牌。

叫牌

叫牌按出牌的顺序轮流进行，每人只能叫一次。叫牌结束后，所叫分值最大的玩家为地主。如果都不叫，则重新发牌，重新叫牌。

第一轮叫牌的玩家

每一轮首先叫牌的玩家按出牌顺序轮流担任。

出牌

将 3 张底牌交给地主，并亮出底牌让所有人都能看到。地主首先出牌，然后按逆时针顺序依次出牌，轮到跟牌时，可以选择"不出"或出比上一个玩家大的牌。某一玩家出完牌时结束本局。

牌型

①火箭：即双王（大王和小王），最大的牌。

②炸弹：4 张同数值牌（如四个 7）。

③单牌：单个牌（如红桃 5）。

④对牌：数值相同的两张牌（如梅花 4+ 方块 4）。

⑤三张牌：数值相同的 3 张牌（如 3 个 J）。

⑥三带一：数值相同的 3 张牌带 1 张单牌或 1 对牌，如 333+6 或 444+99。

⑦单顺：5 张或更多的连续单牌（女 45678 或 78910JQK），不包括 2 点和双王。

⑧双顺：3 对或更多的连续对牌（如 334455、7788991010JJ）。不包括 2 点和双王。

⑨三顺：2 个或更多的连续 3 张牌（如 333444、555666777888）。不包括 2 点和双王。

⑩飞机带翅膀：三顺＋同数量的单牌（或同数量的对牌），如 444555+79 或 333444555+7799JJ。

⑪四带二：4 张牌＋两手牌（注意：四带二不是炸弹），如 5555+3+8 或 4444+55+77。

牌型的大小

①火箭最大，可以打任意其他的牌。

②炸弹比火箭小，比其他牌大。都是炸弹时按牌的分值比大小。

除火箭和炸弹外，其他牌必须要牌型相同且总张数相同才能比大小。

③单牌按分值比大小，依次是大王 > 小王 >2>A>K>Q>J> 10>9>8>7>6>5>4>3，不分花色。

④对牌、三张牌都按分值比大小。

⑤顺牌按最大的一张牌的分值来比大小。

⑥飞机带翅膀和四带二按其中的三顺和 4 张部分来比，带的牌不影响大小。

胜负判定

任意一家出完牌后结束游戏，若是地主先出完牌则地主胜，否则另外两家胜。

积分

底分：叫牌的分数。

倍数：初始为 1，每出一个炸弹或火箭翻一倍（火箭和炸弹留在手上没出的不算）。

一局结束后：

地主胜，地主得分为 2× 底分 × 倍数，其余玩家各得—底分 × 倍数。

地主败，地主得分为— 2 底分 × 倍数，其余玩家各得：底分 × 倍数。

地主所有牌出完，其他两家一张都未出，分数 ×2；其他两家中有一家先出完牌；地主只出过一手牌：分数 ×2

7.升 级

升级是国内非常盛行的一种 4 人扑克牌游戏，可以选择一副牌、两副牌或者三副牌进行。打一副牌时，也称为"40分"或"打百分"；打两副牌时，也称为"80分"，还有的地方也有叫"摔小""拖拉机"等。

拖拉机（两副牌）介绍

牌局采用4人结对竞赛，以抢分升级的方式进行。具有规则简明、对抗性强等特点。"拖拉机"增加了牌的张数（由54张变为108张），取消了对底牌压分的限制，使牌局的变化更为丰富。"对牌""拖拉机"（这也是"拖拉机"这一游戏名称的由来）等出牌形式和"双抠翻倍"等规则的增加，使牌局更富有娱乐性和刺激性。

（注：下面所举的例子除特殊说明外以打10为例）

（1）牌的大小顺序

①2不为常主时。

主牌从大至小依次为：大王，小王，主10，副10，A，K，Q，J，9，8，7，6，5，4，3，2。副牌从大至小依次为：A，K，Q，J，9，8，7，6，5，4，3，2。

②2为常主时。主牌从大至小依次为：大王，小王，主10，副10，主2，副2，A，K，Q，J，9，8，7，6，5，4，3。副牌从大至小依次为：A，K，Q，J，9，8，7，6，5，4，3。

（2）拖拉机的构成

凡大小顺序相邻且花色相同的联对均构成拖拉机，如KKQQ、JJ99、554433；主牌中凡大小顺序相邻联对均构成拖拉机，如一对小王带一对主10，一对主10带一对副10；一对副10带一对主牌A，一对主10带一对副10及一对主牌A。以下各例均不是拖拉机：554、544、5533、JJQQ、两对副10、JJ1010、AA22。

（3）亮牌规则

在发牌过程中，第一次亮出的10的花色作为主牌花色。

有以下几种情况可改变或加强主牌花色：

①反无主、自保、反主、自反、对家保；

②以上后 3 条以先出现者为准；

③若发牌结束仍无人亮牌，则以底牌第 3 张的花色作为主牌花色，如果第 3 张是王则打无主。

（4）出牌规则

出牌时同等大小的牌以先出者为大。

同门花色的大牌可以联出，称作"甩牌"，如副牌中 AAK，AKK，AQQJJ，98844（若其他家中无人有能大过 1 张 9，和 1 对 8，和 1 对 4 的牌）。

若首家试图联出的牌并非都是大牌时，则其必须出欲联出的牌中的最小牌。

首家试图联出 98844 时，若其余某家有此花色的 J，则首家必须出 9，若其余某家有此花色的 QQ 或 55，则首家必须出 44。

首家出对牌时，其余家有对牌必须出对牌（包括拖拉机中的对牌）。首家出拖拉机时，其余家有拖拉机必须出拖拉机，若无拖拉机，则必须出对牌，无对牌时才能出其他牌。

首家出某花色副牌时，其余家无此同花色时，可出主牌，称为"毙"。若首家出的牌中有拖拉机或对牌，毙牌时所出的牌必须是主牌，且其拖拉机的数目不得少于首家出的牌中的拖拉机的数目，对牌的数目也不得少于首家出的牌中的对牌的数目，否则被视为垫牌。

出现多家毙牌时，毙牌的大小以毙牌中的拖拉机和对牌大小为准，大的称为"盖毙"。例如：主牌 998872 可毙副牌 AK5544，但不能毙副牌 AA5544；主牌 977 可毙副牌 544，主牌 884 可盖毙；主牌 977 可毙副牌 567，主牌 884 不能盖毙。

（5）轮庄规则

开局中，双方争庄，先亮者为庄家。

庄家升级时，下一副牌由其对家当庄家。

闲家上台时，下一副牌由此副牌的庄家的下家当庄家。

三副牌规则

和两副牌拖拉机规则类似，亮主实行"抢亮"的规则。四位玩家中任意一位亮了合法的牌后，其他玩家就不能再亮同级别或该级别以下的牌了。3 副牌拖拉机（下称"泰坦尼克"）中的亮主级别有（假定当前打 10）：单张 10、两张 10、两张王（打无主）、3 张 10、3 张王（打天主）。

泰坦尼克

两副大小相临、花色相同的三同张。当打 5 时，下列情况为泰坦尼克：333444，444666，副 5 主 5，大王小王，AAA 副 5，主 5 小王⋯⋯⋯

当打 5 时，下列情况不为泰坦尼克：555666。

当打无主时下列情况不为泰坦尼克：555555。

（1）出牌规则

①泰坦尼克其他玩家根据牌情按如下顺序出牌：

泰坦尼克

2 副 3 对

1 副拖拉机 +2 单张

1 副 3 对 +1 副两村对 +1 单张

1 副 3 对 +3 单张

2 副 2 对 +2 单张

1 副 2 对 +4 单张

6 单张

② 3 对其他玩家根据牌情按如下顺序出牌:

3 对

1 副 2 对 +4 单张

3 单张

（2）记分规则

0 分记大光，不足 60 分算小光，120 分上台，180 分上台 +1 级，240 分上台 +2 级，跑分一方打成大光升 3 级，小光升 2 级，满 120 分下台得分方打成 120 分上台，之后每满 60 分加一级。得分方打成 120 分上台，每超过 60 分加一级。

8. 三打一

"三打一"是一种广为流传的牌类游戏，使用一副牌，4 人参加，打法类似升级，具有很强的对抗性。

游戏主要内容

3 个闲家联合与庄家对抗，双方争抢分数 5、10、K。

基本打法

发牌：一副牌按顺序轮流发给 4 家，剩余 6 张牌留给庄家，庄家整理手头的牌后需要扣 6 张底牌。

叫牌：按出牌顺序轮流叫牌，每人只能叫 1 次，叫的数字最大的人成为庄家。庄家必须在本局中收集与自己所叫数值相等的分数（收集 5、10、K 等分牌即可得分，K 等于 10 分。

主牌：庄家可选任意花色为主牌，其他花色牌为副牌。2 为常主，主 2 比副 2 大。

出牌：出牌方式为只能出单张，不能出对或连张。玩家必须打出和每圈第一张同花色的牌，如果没有该花色的牌，可以打其他花色的牌。

大小规则（接从大到小的顺序）：大王、小王、主 2、副 2、主牌（A、K、Q、J、10、9、8、7、6、5、4、3）、副牌（A、K、Q、J、10、9、8、7、6、5、4、3）、其他花色的副牌。

出牌顺序：第一张牌由庄家先出，以后每圈 4 人中出牌最大者，下一圈先出。

得分一圈一收，5、10、K 牌为分牌。如闲家牌大可得分，庄家得分则不计。

9. 麻将

麻将为 4 人游戏，发牌后，轮流抓牌、出牌、吃、碰、杠，最先和牌的为胜利者。

88 番

①大四喜：由 4 副风刻（杠）组成的和牌。不计圈风刻、门风刻、三风刻、碰碰和。

②大三元：和牌中，有中发白 3 副刻子。不计箭刻。

③绿一色：由 23468 条及发字中的任何牌组成的顺子、刻五、将的和牌，不计混一色，如无"发"字组成的各牌。可计清一色。

④九莲宝灯：由一种花色序数牌子按 1112345678999 组成的特定牌型，见同花色任何 1 张序数牌即成和牌。不计清一色。

⑤四杠：4个杠。

⑥连七对：由一种花色序数牌组成序数相连的7个对子的和牌。不计清一色、不求人、单钓。

⑦十三幺：由3种序数牌的一、九牌，7种字牌及其中一对作将组成的和牌。不计五门齐、不求人、单钓。

64番

①清幺九：由序数牌一、九刻子组成的和牌。不计碰碰和、同刻、无字。

②小四喜：和牌时有风牌的3副刻子及将牌。不计三风刻。

③小三元：和牌时有箭牌的两副刻子及将牌。不计箭刻。

④字一色：由字牌的刻子（杠）、将组成的和牌。不计碰碰和。

⑤四暗刻：4个暗刻（暗杠）。不计门前清、碰碰和。

⑥一色双龙会：一种花色的两个老少副，5为将牌。不计平合七对、清一色。

48番

①一色四同顺：一种花色4副序数相同的顺子，不计一色三节高、一般高、四归一。

②一色四节高：一种花色4副依次递增一位数的刻子不计一色三间顺、碰碰和。

32番

①一色四步高：一种花色4副依次递增一位数或依次递增二位数的顺子。

②三杠：3个杠。

③混幺九：由字牌和序数牌一、九的刻子用将牌组成的和牌。不计碰碰和。

第三部分

教师文化娱乐活动的组织实施

教师文化娱乐活动的组织实施是构建社会主义和谐社会不可缺少的内容，其与经济、政治、社会建设共同构成中国特色社会主义建设事业的整体。它能展示一个学校精神文明建设和物质文明建设的整体面貌，是一个学校事业发展的见证。换句话说，教师文化娱乐活动的组织实施关系学校的发展前景，其与教师在社会上是否有活力密切相关，它是学校经济活动的缩影。一般来说，学校的文娱活动主要包括旅游活动、登山活动、联欢会、演讲活动和演唱比赛等几种形式。

第一章　旅游活动

1. 旅游的筹划阶段

　　旅游是锻炼体魄、掌握生活实用技能、扩大眼界、增长知识、陶冶情操的娱乐项目。集体出游还可以培养教师的集体主义精神和组织才干。

　　在筹划阶段，主要工作是确定一种旅游方式，即是进行一次旅行，还是进行郊游、爬山、游览。

旅　行

（1）旅行地点的选择

旅行地点的选择，可根据季节的变化而各有侧重。春、夏、秋可选择海滨、湖畔、山清水秀、林木繁多的地方，或具有季节特点的风景区。冬季可以去冰天雪地的北方。无论在什么时候旅行，都应到名胜古迹或有纪念意义的地方参观游览。旅行中要十分注意安全和卫生。集体旅游要加强组织领导，要有安全措施，饮食起居要有规律，要讲究卫生，要注重交通安全。

（2）组织旅行的注意事项

①确定参加旅行的成员和旅行日期。

②确定采用何种交通工具，妥善解决旅行沿途的居住地和食宿问题。

③确定旅行路线和参观游览点。

④参观旅行成员的分工。在出发前充分做好体力、经费、服装、常用药品与生活必需品等的准备。自行车旅行还应专门做好自行车维修工作的准备。

郊　游

郊游是利用节假日到郊野游览，如清明节组织"踏青"等。郊游盛行于全国各地。郊游的目的可以是多方面的，在确定某次郊游的具体目的时，应突出主题，如观赏古迹、游览某风景区、垂钓、采集标本等，其他活动皆应以这一目的为中心进行安排。

组织郊游有以下意义：

①可以改变生活环境，充实生活内容，使生活更充满生气；

②采用徒步、骑车，或乘坐汽车或火车到郊野，接触大自然，能够锻炼身体、陶冶情操；

③结合参观、游览，观赏自然风光，能够增长知识和掌握一些生活实用技能；

④在目的地或途中休息时组织娱乐、游戏等活动，可以充实郊游活动内容和进行积极性休息。

137

爬 山

爬山也称"登高"，是人们所喜爱的健身活动。它不仅可以陶冶情操，还可以强身健体。崎岖的小路、逐级升高的坡度，会使你呼吸加快、心跳加速，促进血液循环和新陈代谢，经常爬山能够健身益寿。

爬山可以增强腰背和腿部肌肉的力量，特别能增强下肢肌肉韧带的活动能力，保持关节的灵活性，使双腿变得强劲有力。上下山时全身都在活动，在肌肉节律性的收缩和放松及肌肉活动量的增加中，改善了心肺功能和新陈代谢。爬山不论对青年人、老年人还是肥胖者、身体虚弱者，都是一种方便有效的健身活动。

另外，在爬山登高时，由于空气新鲜、景色宜人，使人心旷神怡，能起到独特的健心作用。

游 览

游览是最普通的和最易被接受的旅行的一种组织形式。它以积极性休息或了解研究我国文化古迹和社会主义建设的成就为目的。

游览与参观，经常是短时期的。游览有较大的增进健康的作用，而参观则有较大的增长知识的作用。

组织游览和参观，可根据实际情况，组织活动性游戏、垂钓、滑雪、打牌、下棋、游泳、空气浴和日光浴等。这对参加者的积极性休息和增进健康、调剂心情都有积极意义。

2. 旅游的准备阶段

选择旅游目的地

在选择旅游目的地时，要考虑季节的特征及闲暇时间的长短两个方面的因素。

季节因素

（1）春季

春季是最佳的旅游季节。从北到南，从山顶到山麓，从平川到高原……春季的旅游天地是无限广阔的。

（2）夏季

可选择避暑度假旅游，或选择一个有山有水、清幽静雅的旅游地进行一次山水旅游或森林绿色旅游。

（3）秋季

秋季是旅游的黄金时期。俗话说"秋游名川"，可见名山大川是秋游的上佳选择。也可游水景资源，如名海、湖、池、库、塘、江、河、溪、泉、涧、瀑、潭等。当然，也可游人文景观。

（4）冬季

现代旅游业赋予了冬季许多新鲜热情的内涵。冬游可选择赏雪、赏冰、赏雾凇、赏梅、游温泉、游南国的冬天等。

闲暇时间的长短

①短时间的安排，宜选择离家近、交通方便的去处。当然，也要因人而异。

②长时间的安排，可根据个人喜好或跟旅行团去旅游线路游玩，如北京—上海—苏杭—桂林—海南几日游等。

选择旅行社

（1）根据旅游线路、类别、层次和价格选择。

（2）根据旅游行程的安排来选择。

（3）根据旅游交通工具和住宿标准选择。

（4）根据旅行社的信誉度来选择：

①看组团出游是否具有价格上的优势；

②看组团出游是否具有安全上的优势；

③看组团出游是否具有接待上的优势。

在选择旅游社时，还要注意以下几点。

①宜选有固定出团日期的旅行社。

②选择时以"大"为原则。"大"包括旅行社的实力和服务内容。

③旅行社应具备出游保证条件：

第一，要对旅行社的资格进行认证，看它是否具有"两证"（经营许可证、质量保证金缴纳证明）；

第二，通过回头客多少或在公众媒体的信誉度来判断。

④不要选择盲目压价的旅行社，以免为游程留下隐患。

⑤完善应有的入团手续。出发前应有一份准确的日程表、旅游协议书（旅游合同、保险单、卡）等，要仔细阅读旅客须知。

旅行防骗 12 招

虽说自助旅游是一件时髦的事，但是多数人还是愿意跟团出游。但眼下旅行社的广告铺天盖地，让人眼花缭乱、真伪莫辨。

因此，提供防骗大法 12 招，旅行者只需仔细研读，就可选好一家旅行社，平平安安上路去，高高兴兴回家来。

①看旅行社资质。旅行社分为不同类型，有国际社、国内社等。一定要看清各旅行社标明的经营范围。

②看旅行社宣传材料。印刷精美、内容详实的宣传册或产品说明书是旅行产品品质的重要表现。而几张简单的打印文件很难让人相信旅行社在旅行产品的实现上能有较好的保证。

③记住各地旅游局的电话号码。对旅行社资质等问题不甚明了时，可以打电话咨询。

④看旅行社是否提供行程表及行程表内容是否详尽。行程表就是旅行的日程安排，应包括住宿、用餐及景点几个方面。行程表越详尽越好，因为提供的日程表越详尽，旅行社中途随意改变安排的可能性就越小。

⑤明确哪些游乐项目已包含在团费之内，哪些需要自理；弄清门票是只包含第一道门票，还是全部，行前一定要问清，以免日后产生纠纷。

⑥问清用餐标准。民以食为天，出门在外，吃得好坏，关系重大。事先问清用餐标准，一是可以预估一下吃的标准，二是如果途中旅行社因故未能安排用餐，退款也有相应的标准。

⑦明确酒店的名称、地点及星级。通常来说，像"入住北京王府井饭店（五星级）或同级饭店"这样的写法比较规范。

⑧明确交通工具。不仅要明确是汽车、火车还是飞机，对汽车还要了解是进口车还是国产车，以及是什么车型等，因为这直接关系到旅途的舒适程度。

⑨在旅行中，导游在原规定的行程之外临时增加行程时，旅行者首先要确定自己对此是否感兴趣，然后要问明此项安排是否要另付费用，最后不忘了解清楚新的安排会不会影响对下一个景点的参观。只要以上任何一项，旅行者觉得不妥，就可以勇敢地说"不"，拒绝新的安排。

⑩对购物不感兴趣，导游却不断带团进商店时，行之有效的对策就是坚决不买。如果所有团员都不感兴趣，可以向导游提出。

⑪保留好出发前签订的协议书、行程表及旅行中旅行社违约或导游不负责任的证据，以便向旅行社的质量管理部门投诉。

⑫如果旅行社的质量管理部门不能妥善解决问题，就向省、市旅游局质量管理处投诉。

3. 旅游的进行阶段

利用旅游间隙的零碎时间，如清晨、饭前、傍晚，进行各种有趣的游戏，可消除旅途的疲劳，增进同其他团员的感情。现介绍几种游戏以供参考。

夜寻"电台"

天黑后，根据人数将游戏者分成若干组，每组2～3人，根据组数再设若干"报务员"。游戏开始前，规定好每组的"电台信号"（如第一组手电亮两短一长、第二组手电亮两长一短等），然后游戏组织者将各"报务员"带到离营地直径约110米以外的地方分别隐藏起来。组织者回来后即鸣笛示意游戏开始。以先把本组"电台"找到并返回营地的组为胜。

捣"鸟窝"

在树林里选择一块空地，将游戏者分成2个人数为偶数的小组，在20～30米外的两棵树上距地3～3.5米处的树杈上各系一条毛巾。组织者发令后，每组的前两人跑到树前，一人踩着另一人的肩膀把树杈上的毛巾解下来后两人归队，后面两人接到毛巾后再以同样的方法将毛巾系在树杈上。如此往复，最后先将毛巾取回的队为胜。

寻"宝藏"

在树林和草地中事先藏好物品（如皮球、鸡蛋或某种花草等），并提供一定的线索，让寻宝者去找。先找到者或找得多者为胜。

篝火晚会

篝火晚会是一项极富浪漫色彩的活动，其规模可大可小。通常，篝火晚会会伴随唱歌、跳舞、讲故事、讲笑话等活动。要开好篝火晚会应注意以下几点：

①篝火晚会应选择在比较开阔的地点进行，绝对不能在禁止烟火的地区（季节）组织篝火晚会；

②时间不要太长；

③要有一定的内容准备，有主持人；

④要有专门负责火和燃料管理的人；

⑤要特别注意防火，有防火措施（如开辟出防火道，预备好灭火的沙、土、水等）。

其他活动

可以根据自己的爱好和条件去选择进行诸如游泳、赶海、划船、看日出、钓鱼、放飞机模型、放风筝、攀岩等多种多样的活动，使旅游活动更富有诗意、充满乐趣。

4.旅游的类型

背上行装，迈开双脚，呼朋唤友，一起旅行游览……时下，旅游越来越成为教师职工所青睐的活动。旅游活动的内容丰富多彩。根据游览的内容区分，旅游大致可分观光旅游、度假旅游、商务旅游、探险旅游、生态旅游等几种。

观光旅游

观光旅游是旅游中最常见的项目。我国地域辽阔，有数不清的名山大川、森林绿野、飞瀑流泉、亭榭楼台，这些均是观光旅游的极佳去处。

观光旅游的功能是：到风景优美的旅游胜地去开阔自己的视野、调节自己的身心，以更良好的状态投入生活和工作。

度假旅游

度假旅游指以休闲、度假为主要目的而进行的旅游活动。近年来，随着我国人民生活水平的提高，尤其是 *1994* 年我国劳动和休假制度改革以后（*1995* 年开始实施），度假旅游已成为我国人民喜爱的一项活动。

我国著名的国家级旅游度假区有：大连金石滩国家旅游度假区、无锡太湖国家旅游度假区、杭州之江国家旅游度假区、福建武夷山国家旅游度假区、福建湄洲岛国家旅游度假区、昆明滇池国家旅游度假区、广州南湖国家旅游度假区、海南亚龙湾国家旅游度假区、北海银滩国家旅游度假区等。

商务旅游

商务旅游指将商务活动与具体的旅游项目相结合的旅游活动。一般而言，该项旅游活动是为促成某项或某些具体商业活动而服务的。当然，商务旅游的游客在该旅游种类的游程中确实能够体验到举办单位提供的良好环境和气氛。

常见的商务旅游有：水上观光商务旅游、休闲度假疗养商务旅游等。

探险旅游

探险旅游以探索大自然的奥秘为宗旨，是人们亲近自然、热爱自然、体验自然、回归自然的新兴旅游项目之一。在我国，第一个开辟科学探险旅游考察项目是中国科学院的科学国际旅行社。

生态旅游

随着经济的发展、人口的增加，城市化的趋向越来越明显。人们盼望从都市生活的快节奏中暂时解脱，所以"返璞归真""回归自然"之旅已成为时尚，受到人们的青睐。由此产生了一种新的旅游方式——生态旅游。

生态旅游在带来经济效益的同时，还能使自然资源得以持续利用，有利于维持并促进环境的生态平衡，达到生态效益、环境效益、社会效益的统一。

其他旅游形式

在日常生活中，能耳闻目睹的特色专题旅游是极其丰富的，有购物旅游、绿色森林旅游、环保旅游、学艺旅游、新婚旅游、美食旅游、潜水旅游等。此外，还有像近年来风靡国外的长跑旅游、冲浪旅游、恋旧旅游、怀古旅游、热气球环球旅游、建筑旅游等。

5.旅游的注意事项

旅游生活丰富多彩。一般而言，在旅游的过程中，要注意吃、住、行、游、购、娱六要素。

吃

"民以食为天"。"吃"在旅途中是首要的，只有吃得好，才能游得好，所以一定要吃饱、吃好、吃干净。在"吃"的方面，要注意以下几点：

①不要太多地改变自己的饮食习惯，注意荤素搭配、多吃水果；

②各地名吃一定要品尝，但量不可太大，以能消化为度；

③品风味小吃、特产瓜果时，勿忘考虑自己服不服水土的问题。

住

在旅途中，"住"要干净、舒适，应注意以下几点：

①只有睡眠充足，才能确保第二天旅游时精力充沛；

②睡前洗个热水澡会有助于睡眠；

③要穿好衣物睡觉，防止得传染病。

行

在旅途中，在交通出行方面，要注意以下几点：

①先买好返程票；

②乘交通工具时注意安全；

③所到处宜购买一份当地地图，以防迷路。

游

游是整个旅游活动的核心，建议游客一定同导游配合好，这样可领略更多的乐趣和知识。另外，要注意以下几点：

①去游览某景点之前，查找有关该景点的介绍，然后把查询内容和游览过程结合起来；

②在旅游过程中，交通费是一笔主要开支，建议最好能将目的地附近的景点安排到一起游览；

③在游览过程中，顺便考察一下当地和自己行业有关的状况，这样能够受到启发，旅游也就具有了更大的意义。

购

在异地购买物品赠送亲朋好友或留作纪念，也是乐趣之一。但在购物时，应注意以下几点：

①要买当地特色的东西；

②注意价格，以节省旅游开支；

③注意重量，以防止行李超重。

娱

娱乐是旅途中不可或缺的一部分。在娱乐时，要注意：

①适可而止；

②玩一些当地喜闻乐见的项目，且是自己以前没玩过的；

③注意安全，保存体力，切勿进不适当的场所。

6. 旅游食品的选择

旅游出行常不能正常饮食，这就需要购买一些替代食品，购买什么食品可以因人而定，但要把握如下原则。

注意营养

一个成年旅行者每天约消耗三千多卡热量，相当于一个轻体力劳动者的消耗。所以，要选择热量充足的食品，但不要吃得太饱。

食品宜多汁

多汁多水，特别是水果或含维生素丰富的饮料等可以减轻旅途疲劳。

食品颜色选择

旅游食品还要特别注意色、香、味。有学者认为：绿色地带选择食品多偏红色；黄土地带选择食品应多偏蓝色；城市灰色区域选择食品宜多褐、绿、蓝色。

食品口感要柔软

人们在旅游中容易感觉食欲不振，而柔软食品则既适合口味，又易于消化。

具有特色风味的食品

一是指旅游食品应多色多味，促进食欲；二是指应有风景地的传统特产。品尝地方风味，不仅给人以口福，而且能够得到美的享受。

第二章　登山活动

1.登山的注意事项

登山运动是指徒手或使用专门装备攀登各种不同地形的山峰或山岭。登山运动可分为金字塔形站式登山、阿尔卑斯式登山和技术登山等数种。

金字塔形兵站式登山是一种依靠大量雇佣人员进行登山的高山登山运动。登山队的人数与雇佣人员的人数比例一般为一比三，即一个登山者配备三个辅助人员，组成金字塔形的层层设站、站站留人的"兵站式"运输和支援线。

阿尔卑斯式登山是一种不依赖他人，完全或主要靠登山者自身力量从事攀登各种山峰的登山活动。因为此项运动首先从阿尔卑斯山区开始，故也称为"阿尔卑斯运动"。

技术登山是一种依靠熟练的攀登技术和各种技术装备专门攀登悬崖峭壁的登山活动。在登山时，要准备好三类装备：

①宿营装备，包括帐篷、炊具、寝具和各种燃料等；

②技术装备,包括登山绳、氧气装备、测量仪器、高度计、干湿度计、钢锥、登山铁锁、升降器、挂梯、滑车、雪铲等;

③个人装备,包括登山服装、登山鞋、高山靴、头盔、电筒、手套、防护眼镜等。

2. 登山工具

（1）旅行及登山背包。

（2）旅行鞋袜、遮阳帽、头套。

（3）自用餐具、水壶、饮料。

（4）个人照明器材。

（5）自用药品。

3. 必选装备

必备装备

①登山鞋（根据不同行程及不同地区选不同的鞋）;

②登山包;

③冲锋衣裤、保暖衣裤;

④照明器材及电池、换洗衣物、食物及水（要能量高、方便、保存期长）、指南针、雨具、洗漱用品、应急药品、一把小刀、安全绳一根。

可选装备

①帐篷、睡袋、防潮垫;

②登山杖；

③摄影器材及充足的胶卷、内存卡；

④炊具、食具及燃料；

⑤专业器材（根据不同活动选择）。

初涉户外运动，在选择路线时千万不要眼光过高，不要选择强度过高的线路，外出之前每天可适当锻炼身体，随着经验慢慢增加难度。进山以后讲究团队精神，不要为出风头而表现个人英雄主义。

4. 登山的技巧

保持柔韧性

登山者不像竞技攀岩者与体操运动员那样大量专注于柔韧性的练习。登山者的服饰与装备使得他们绝大部分时间只能进行基本的移动。然而，在经过长时间的运动后柔软且放松的肌肉就比紧张的肌肉在移动中更为有效，柔韧性差是由于不经常使用或力量练习造成的，力量练习将肌肉纤维集中在一起。简单的拉伸练习就可以提高肌肉的柔软度和柔韧性，但是拉伸练习不能代替热身运动。如果把拉伸练习和力量训练或心血管训练结合在一起，那就可以将拉伸练习作为热身或放松阶段的一个项目进行。在休息阶段，将重点更多地放在柔韧性的练习上。

保护膝盖

在登山训练中，膝盖要承受大量的重量。在训练中尽可能减少对膝盖的冲击，使用登山训练器和自行车是很明智的，因为它们有很大的作用。在登山时背包增加了额外的重量。在下山之前要尽可能减少这些重量，保持一个比较合理的重量。雪杖有助于分散集中在膝盖上的重量，将百分之三十的力量转移到手臂上，同时雪杖还有助于训练后背的背负能力。

进行高海拔训练

在高海拔进行必要的适应性训练时需要循序渐进。"在高海拔处训练，在海拔低处睡眠"是需要遵循的原则。这样有助于身体逐步适应高海拔而不影响睡眠周期和身体恢复机能。当适应了高海拔后，再将睡眠地点逐步提高，以此让睡眠系统也随之适应。

因为在高海拔地区最大心率会降低，这意味着根本无法进行力量训练。在海平面地区，一个登山者每分钟最大的心率可达到 185 次，而在 5.5 千米高的地方会降到 160。这个登山者在无氧条件下心率会降到 140 次——所有的心血管活动能力还是基于无氧条件下心率的活动能力。如由行走而产生的身体恢复的心率会降到 90 左右。

不同的人适应能力是不一样的，但这是一个对任何人进行高度训练都适用的准则。因此，如果一个人生活在海拔 2.1～2.4 千米的地方，他需要到低海拔地区进行力量训练，较低的海拔会使身体产生较大的心率去推动或拉动更多的重量，当回到高海拔，身体恢复系统就不会减弱。

保持健康

保持健康是一个很难却很重要的目标，保持健康和远离受伤是保证持续训练的一个最好方法，要想进步就必须持续而且不间断地进行训练。

有节制的练习会加强一个人的免疫能力，而紧张的训练则会破坏免疫系统。事实上，许多优秀的运动员正品尝着比一般人更多的伤痛，因为高负荷的训练破坏了身体的恢复能力。如果登山训练与自身能力相结合，就不会对自己的免疫系统造成过大伤害。一般在训练之后的 $12 \sim 24$ 小时里，身体比训练当天更容易受伤。如果为了最大限度地开发潜能而持续不断地训练，就可能会训练过度。当进入训练过渡的恶性循环，它会很快击垮你的免疫系统。

在高海拔地区并且用接近自己的最大能量进行过活动，这对上呼吸道的影响比在同等高度但从事低量活动产生的影响要大的多。所以，训练与增强力量和耐力的必要性就在于，当真正进行攀登时能够降低最大能量输出的百分比，分担免疫系统承受的压力。

到达一个不熟悉的环境，良好的休息与健康状态也是很重要的。强大的免疫系统在休息良好的健康身体里才会发挥最好的抵抗能力。摄取合适的营养物质能够改善免疫能力。

保持体温

如果人体内部温度超过 $37.7℃$，那么身体会自动损失肌肉功能以维持温度的平衡。保持合适的体温是最根本的生存技巧。

内部温度升高就需要更多的血液去冷却身体，这也意味着可供肌肉使用的血液就更少。如果在训练中越能保持冷却，那么你的肌肉就越能发挥功效（尽量在 $36.7℃ \sim 37.8℃$）；当内部温度超过 $40℃$，这样温度过热是危险的，对登山不利，但对判断复杂训练是否超负荷是有用的。

无论是训练还是真正的攀登，最重要的是不要使身体过热。当身体冷却时不但能使肌肉更有力量而且不会因为出汗或快速地呼吸而损失更多的水分。通过保持内部温度的冷却，能够使身体水分损失降到最少并且改善肌肉功能。

第三章　联欢会

1. 确定联欢会的类型

联欢会的类型很多，主要有以下两类：

①为庆祝传统节日和特殊纪念日而举行的联欢会，如春节游艺会、元旦迎新晚会、五四联欢会、中秋赏月晚会、教师节联欢会等。

②单位之间的联欢会，如与不同职业如科技工作者、部队指战员的联欢会；老年人、青年人、少年儿童等不同年龄段一起举行的联欢会等。

2. 确定联欢会的主题和内容

举办联欢会，其宗旨无非是用优美的表演娱乐人、用高尚的情操陶冶人、用时代的精神鼓舞人，这是无论哪一类联欢会都不能违背的。

具体来说，每一场联欢会要有明确的目的和周密的计划。在明确大目标的前提下，还要明确具体目的，各项工作落实到人。比如：所组织的联欢会，是为庆祝某个节日，还是围绕某个主题进行的；是以解决某一群体的某项切身利益问题为主，还是通过活动调节生活，使到会职工群众的精神得到愉悦。

目的明确了、主题确定了，联欢会的内容编排就有了依据，联欢会的组织工作也可以展开。

就联欢会的内容而言，要注意做到两点：

①健康，演出的节目内容都要有明确的主题、健康的内容，能体现文明、健康、积极、向上、振奋人心的精神。

②生动，要求演出节目的内容必须生动、有趣，形式活泼、轻松，能引人入胜。

3. 成立联欢会的机构

联欢会的场所可分室内和室外，联欢会的内容表现形式也多种多样，有游戏、趣味体育、歌唱、舞蹈等。按参加人数划分，联欢会可以分成大型的（1 000 人以上）、中型的（100～1 000 人）、小型的（100 人以下）几种。因此，根据联欢会的规模、涉及面和工作量，设立办事机构和领导小组是必要的。当然，小型联欢会不一定要成立领导小组，只要确定一些人员各负其职，每项工作落实到人就可以了。

大型联欢会的领导小组，一般下设组织指挥、秘书接待、宣传报道、奖品领取、保卫、后勤等办事机构。

中小型联欢会，可根据不同的特点和类型，对办事机构的名称和职责也可做相应的调整。

4. 联欢会的会场布置

一般来说，联欢会的会场布置要突出喜庆气氛。会场一般由会标、会徽（标志）、布景、灯光和指定的宣传标语组成。

会　标

会标应根据不同环境条件悬挂。一般挂在舞台台口的上端，个别情况下也可以与会徽一起组合在后幕上，有的还可以安排在布景道具的造型上。

会　徽

会徽的设计，要求能准确、巧妙地表现主题，并突出简洁、明确、美观的艺术形式，以达到引人注目和给人深刻印象的效果。在设计会徽时，还要考虑造型、色彩与文艺节目中人物服饰色彩及人物造型的协调。总之，会徽的设计原则一是从属性，二是艺术性。

布景道具

布景道具的设计，要以少胜多，一般以抽象造型为主，并根据不同的节目内容要求设计出不同的艺术空间。布景一般采用白色幕布，利用灯光打射产生景色、图案或纯色块效果。道具一般以组合式多变道具为佳，制作材料大部分是木条、三合板、塑胶泡沫板、外饰着色纸张或布、人造革和专门装饰贴面。

灯　光

联欢会场上的灯光布置也要视条件而定。条件好的，可采用程序编排灯光、可控彩色顶光、侧光、逆光等；条件差的，演员要注意利用服饰的自身作用。至于有些小型联欢会，则以舞台和观众席融为一体为佳。这样气氛融洽，更能起到合欢同乐、增进友谊的作用。

其 他

简单的会场布置用绘纹纸条、气球、金银铝箔饰品悬挂顶面即可；复杂一点的可配以旋转灯、灯球和程序灯串。至于大型联欢会，其布置与喜庆性、纪念性的文艺晚会相似，更讲究整体建筑式布景，以灯光的程序变化产生跳跃动感，有时配以焰烟效果，使舞台造型层次丰富、气氛浓郁，有天上人间合一之氛围。

总之，设计者要根据不同的情况和现有条件，设计出效果和特色为佳。

5. 精心编排节目

联欢会的节目编排是联欢会举办成功与否的关键因素之一，它是一项极为复杂的组织工作，要讲究科学性。

（1）节目选择要广泛，安排要有节奏、有起伏。

（2）要避免把质量好的节目集中在开场或结尾。要注意让各种表演形式穿插进行，做到有张有弛，防止中间冷场。在节目编排上，要有起伏、有节奏、有高潮。一般来说，一场联欢会，要用欢快的节目开头，用含义深刻或欢快热烈的节目来压轴。

（3）确定联欢会举行的时间长短，并据此安排文艺节目。一般情况下，以1至2个小时为宜，故节目时间安排不宜过长，每个节目5至8分钟为宜。要注意在每个节目之间留有一定的间隔时间。

（4）节目演出顺序要事先安排好，对综合类节目要事先进行排练和串场。

（5）最好印制专门的节目说明书（即节目单），发到每位与会者手中。节目单上，一般应有以下内容：

①节目顺序、每个节目的具体名称和表演者；

②简单介绍一下节目的主要内容；

③有外宾参加的联欢会，还应采用中英文两种文字印制。

（6）为了使联欢会自始至终具有引导性，在联欢会开始前，要精心拟写好串连词供节目主持人使用。串连词要简明、扼要、生动、亲切、口语化。串连词一般有以下几项内容：

①简单介绍一下表演者的情况；

②简单介绍一下节目情况；

③视联欢会特色而做充分发挥，或诙谐幽默，或激扬感情等。

（7）与专业文艺团体的联络，应由专人负责。可以事先确定演出场地，节目表，演员酬金，是否安排晚餐、夜宵，是否要车接送等问题。在演出前，还要考虑是否安排领导登台、是否献花等细节。

6.安排抽奖、摇奖事宜

在联欢会活动中，为了给与会职工群众、表演者以鼓励，调动所有到会职工群众的活动热情，一般都通过文体表演的方式发放一些奖品、纪念品，有的还进行抽奖、摇奖等。有的地方甚至把抽奖、摇奖当成整个联欢会的压轴戏，使与会职工群众的兴致达到高潮。

一般来说，抽奖、摇奖的奖品及纪念品应根据活动经费和参加活动的人数而定。

抽奖、摇奖的兑奖券一般采用正副券的形式。职工群众入场时，工作人员撕下副券，投入抽奖、摇奖箱里。本人则持正券并妥善保管作兑奖用。

一般在联欢会活动的结尾，都安排舞会，并把它作为联欢会活动的结束。

舞会是大多职工群众都喜欢并且能够参与的清新、健康的文艺娱乐活动。把舞会安排在联欢活动的最后进行，既能把联欢活动推向一个新的高潮，又能使联欢活动在轻松愉快的气氛中结束，令人回味无穷。

第四章　茶话会

1. 茶话会的作用

茶话会也叫"茶会"，是指有关单位为联络老朋友、结交新朋友而进行的具有对外联络招待性质的社交性集会。它以参加者不拘形式地自由发言为主，在会上还备有茶点。一般来说，茶话会有以下特点。

茶话会重在交际

茶话会主要是以茶待客、以茶会友，但是在实际上，它的重点往往不在"茶"，而在"话"。与洽谈会、发布会、赞助会、展览会等

158

其他类型的商务性会议相比，茶话会是社交色彩最为浓重，而商务色彩最为淡薄的一种类型。

茶话会重在沟通

茶话会可以为人们带来各种信息。举办方举办茶话会，意在借此机会与社会各界沟通信息、交流观点、听取批评、增进联络、为本单位实现"内求团结、外求发展"这一公关目标，以树立良好的形象，创造良好的外部环境。

主持人要明白茶话会的特点，重视茶话会的作用，尤其是与其他商务性会议的差别，这样才能开好茶话会。

2. 组织和策划茶话会的方法

茶话会很讲究礼仪，一般来说，礼仪是指有关单位召开茶话会时所应遵守的礼仪规范。其具体内容主要涉及会议的主题、来宾的确定、时空的选择，这些都要求主办方事先要安排好。

会议主题的要求

茶话会的主题，主要是指茶话会的中心议题。在一般情况下，茶话会的主题大致可分为如下三类。

（1）以联谊为主题的茶话会

以联谊为主题的茶话会，是平日所见最多的茶话会。它的主题是为了联络主办单位同应邀与会的社会各界人士的感情，增进友谊。在这类茶话会上，宾主通过叙旧与答谢，往往可以增进相互之间的进一步了解，密切彼此的关系。除此之外，它还为与会的社会各界人士提供了一个扩大社交圈的良好契机。

（2）以娱乐为主题的茶话会

以娱乐为主题的茶话会是指在茶话会上安排一些文娱节目或文娱活动，并且以此作为茶话会的主要内容。这一主题的茶话会，主要是为了活跃现场，增加热烈而喜庆的气氛，调动与会者人人参与的积极性。与联欢会不同的是，以娱乐为主题的茶话会所安排的文娱节目，往往不需要事前进行专门的安排与排练，而是以现场的自由参加与即兴表演为主。它不必刻意追求表演水平的一鸣惊人，而是强调重在参与。

（3）以专题为主题的茶话会

以专题为主题的茶话会是指在某一特定的时刻，或为了某些专门的问题而召开的茶话会。它的主要内容，是主办单位就某一专门问题收集反映，听取某些专业人士的见解，或者是同某些与本单位存在特定关系的人士进行对话。召开此类茶话会时，尽管主题既定，仍需倡导与会者畅所欲言，并且不留情面。为了使会议进行得轻松而活跃，有些时候茶话会的专题允许宽泛一些，并且允许与会者的发言稍许脱题。但是，主持人应注意引导和调节气氛。

确定来宾的要求

茶话会的与会者，除主办单位的会务人员之外，都为来宾。邀请哪些方面的人士参加茶话会，往往与其主题存在着直接的因果关系。因此，主办单位在筹办茶话会时，必须围绕主题来邀请来宾，尤其是对于主要的与会者，主办方要慎重选择。

在一般情况下，茶话会所邀请的主要与会者，大体上可分为下列五种情况，主办方要视情况来确定来宾。

（1）本单位的人士

具体来讲，以本单位人士为主要与会者的茶话会，主要是邀请本单位的各方面代表参加，意在沟通信息、通报情况、听取建议、嘉勉先进、总结工作。有时，这类茶话会亦可邀请本单位的全体员工或某一部门、某一阶层的人士参加。有时，它也叫做"内部茶话会"。主持人对与会人员相对熟悉一些，说话可以随便一点。

（2）本单位的顾问

以本单位的顾问为主要与会者的茶话会，意在表达对有助于本单位的各位专家、学者、教授的敬意。他们受聘为本单位的顾问，自然对本单位贡献良多。同时，特意邀请他们参加，既表示了对他们的尊敬与重视，也可以进一步地直接向其咨询，并听取其建议。对他们，主持人要保持敬意。

（3）社会上的贤达

所谓"社会贤达"，通常是指在社会上拥有一定的才能、德行与声望的各界人士。作为知名人士，他们不仅在社会上具有一定的影响力、号召力和社会威望，而且还往往是某一方面的代言人。以社会上的贤达为主要与会者的茶话会，可使本单位与社会贤达直接进行交流，加深对方对本单位的了解与好感，并且倾听社会各界对本单位的意见或建议。

（4）合作中的伙伴

合作中的伙伴在此特指在工作或商务往来中与本单位存在着一定联系的单位或个人。除了本单位的协作者，还应包括与本单位存在着供、产、销等其他关系者。以合作中的伙伴为主要与会者的茶话会，重在向与会者表达谢意，加深彼此之间的理解与信任。

（5）各方面的人士

有些茶话会往往会邀请各行各业、各个方面的人士参加。这种茶话会，通常叫"综合茶话会"。以各方面的人士为主要与会者的茶话会，除了可向主办单位传递必要的信息外，主要是为与会者创造一个扩大个人交际面的社交机会。茶话会的与会者名单一经确定，应立即以请柬的形式向对方提出正式邀请。按惯例，茶话会的请柬应在半个月之前送达或寄达被邀请者之手，但对方对此可以不必答复。主持人基本上要明白与会者的情况。

时空的选择

一次茶话会要取得成功，与茶话会时间、地点的具体选择有很大关系，这些都是主办单位必须认真对待的事情。

（1）茶话会的时间要求

关于举行茶话会的时间，进而言之又可以分成两三个具体的、相互影响的小问题，即举行的时机、举行的时间及时间的长度。

①茶话会举行的时机。举行茶话会的时间问题是最重要的。唯有时机选择得当，茶话会才会产生应有的效益。通常认为，辞旧迎新之时、周年庆典之际、重大决策前后、遭遇危难挫折之时等，都是商界单位酌情召开茶话会的良机。

②茶话会举行时间的要求。举行时间是指茶话会具体应于何时举行。根据国际惯例，举行茶话会的最佳时间为下午 4 点钟左右。有些时候，亦可将其安排在上午 10 点钟左右。需要说明的是，在具体进行操作时，不必墨守成规，而主要应以与会者，尤其是主要与会者方便与否及当地人的生活习惯为准。

③茶话会时长的要求。一次茶话会到底举行多久，应该是茶话会的最佳时间长度。主办方可以由主持人在会上随机应变，灵活掌握。也就是说，茶话会往往是可长可短的，关键是要看现场有多少人发言，发言是否踊跃。不过，在一般情况下，一次成功的茶话会，大都讲究适可而止。若是将其限定在一两个小时之内，它的效果往往会更好一些。

（2）举行茶话会的地址选择

按照惯例，适宜举行茶话会的大致场地主要有：一是主办单位的会议厅；二是宾馆的多功能厅；三是主办单位负责人的私家客厅；四是主办单位负责人的私家庭院或露天花园；五是包场高档的营业性茶楼或茶室。但是，餐厅、歌厅、酒吧等处，均不宜用来举办茶话会。在选择举办茶话会的具体场地时，还需同时兼顾与会人数、支出费用、周边环境、交通安全、服务质量、档次名声等诸问题。这些问题，主办方要让主持人提前了解，以便做好准备工作。

关于茶点的准备

茶话会，顾名思义，自然有别于正式的宴会，它不安排主食和酒品，而只向与会者提供一些茶点。不论是主办单位还是与会者都应该明白，茶话会是重"说"不重"吃"的，所以没有必要在吃的方面去过多地下工夫。

商务礼仪规定，在茶话会上，为与会者所提供的茶点，应当被定位为配角。虽说如此，在具体进行准备时，亦须注意如下几点。

①对于用以待客的茶叶与茶具，主持人要精心进行准备。

②在选择茶叶时，在力所能及的情况之下，应尽力挑选上等品，切勿滥竽充数。同时，要注意照顾与会者的不同口味。对中国人来说，绿茶老少皆宜；而对欧美人而言，红茶则更受欢迎。

③在选择茶具时，最好选用陶瓷器皿，并且讲究茶杯、茶碗、茶壶成套，千万不要采用玻璃杯、塑料杯、搪瓷杯、不锈钢杯或纸杯，也不要用热水瓶代管茶壶。所有的茶具一定要清洗干净，并且完整无损、没有污垢。

④除了主要供应茶水，在茶话会上还可以为与会者略备一些点心、水果或是地方风味小吃。需要注意的是，在茶话会上向与会者所供应

的点心、水果或地方风味小吃，品种要对路、数量要充足，并且要便于取食。为此，最好同时将擦手巾一并上桌。在茶话会举行之后，主办单位通常不再为与会者备餐。主持人应在适当时间结束会议，以免尴尬。

3. 选择合适的茶话会主持人

一般来说，茶话会主持人有的是由组织茶话会的主人来担当，也有聘请专职主持人来主持的。茶话会主持人不必像其他会议的主持人那样，具备伶俐的口才、专业的知识。但是，一个成功的茶话会主持人要注意做到以下几点。

具有亲和力

茶话会是社交色彩最浓的会议，在社交交往中，亲和力至关重要，要想得到别人的尊重和心理接近，就必须要坦诚地与来宾相处，力求做到对每一位来宾都具有亲和力，让来宾感到亲切。这是对主持人的基本要求。

要了解座次安排的特点

同其他正式的工作会、报告会、纪念会、庆祝会、表彰会、代表会相比，茶话会的座次安排具有自身的鲜明特点。从总体上来讲，在安排茶话会与会者的具体座次时，必须使之与茶话会的主题相适应，而绝对不应当令二者相互抵触。茶话会上的座次安排方式很重要，主持人要根据座次安排的特点来了解茶话会应采取的主持风格。

根据约定俗成的惯例，目前在安排茶话会与会者的具体座次时，主要采取以下四种办法。

（1）环绕式

所谓"环绕式排位"，指的是不设立主席台，而将座椅、沙发、茶几摆放在会场的四周，不明确座次的具体尊卑，而听任与会者在入场之后自由就座。这种安排座次的方式，与茶话会的主题最相符，因而在目前流行面最广。

（2）散座式

散座式排位多见于举行于室外的茶话会。它的座椅、沙发、茶几的摆放，可以散乱无序，四处自由地组合，甚至可由与会者根据个人要求而自行调节，随意安排。其目的就是要创造一种宽松、舒适、惬意的社交环境。这样，话题才能展开。

（3）圆桌式

圆桌式排位指的是在会场上摆放圆桌，而请与会者在其周围自由就座的一种安排座次的方式。在茶话会中，圆桌式排位通常又分为两种具体的方式：一是仅在会场中央安放一张大型的椭圆形会议桌，而请全体与会者在其周围就座；二是在会场上安放数张圆桌，而请与会者自由组合，各自在其周围就座。当与会者人数较少时，可采用前者；而当与会者人数较多时，则应采用后者更方便。

（4）主席式

在茶话会上，主席式排位并不意味着要在会场上摆放出一目了然的主席台，而是指在会场上，主持人、主人、来宾应被有意识地安排在一起就座，并且按照常规，主持人居为上座之处，如中央、前排、会标之下或是面对正门之处。主持人注意要有亲和力。

就总体而言，为了使与会者畅所欲言，并且便于大家进行交际，茶话会上的座次安排尊卑不宜过于明显。不排座次，允许自由活动，不摆与会者的名签，乃其常规做法。

要具备调节会议气氛的能力

在茶话会上，与会者的现场发言要踊跃。这一点在茶话会上很重要。茶话会的目的是要人们踊跃发言，这也是会务礼仪的规范要求，茶话会的现场发言要想真正得到成功，重点在于主持人的引导得法和与会者的发言得体。主持人要充分发挥自己调节会议气氛的能力，让来宾在会上放松自己，畅所欲言，使会议在欢快、无拘无束的气氛中结束。

4. 主持茶话会的实用技巧

熟知茶话会的操作程序

主持人要了解茶话会的操作程序，其基本步骤包括以下几点。

（1）主持人宣布茶话会正式开始

在宣布会议正式开始之前，主持人应当先请与会者各就各位，并且保持安静，而在会议正式宣布开始之后，主持人还可对主要的与会者略加介绍。

（2）主办单位的主要负责人讲话

主要负责人的讲话应以阐明此次茶话会的主题为中心内容。除此之外，还可以代表主办单位对全体与会者的到来表示欢迎与感谢，并且恳请大家今后一如既往地给予本单位以更多的理解、更大的支持。

（3）与会者发言

根据惯例，与会者的发言在任何情况下都是茶话会的重心之所在。为了确保与会者在发言之中直言不讳、畅所欲言，通常主办单位事先均不对发言者进行指定与排序，也不限制发言的具体时间，而是提倡与会者自由地进行即兴式的发言。有时，与会者在同一次茶话会上，还可以数次进行发言，以不断补充和完善自己的见解、主张。

（4）主持人略做总结

在做简明总结之后，主持人即可宣布茶话会至此结束。

适时地把握会场气氛

在茶话会上，主持人所起的作用往往不止主持、掌握会议，更重要的是能够在现场上审时度势、因势利导地引导与会者的发言，并且有力地控制会议的全局。

在众人争相发言时，应由主持人决定孰先孰后。

当无人发言时，应由主持人引出新的话题，求教于与会者，或者由其恳请某位人士发言。同时，主持人还应善于及时调动会场气氛。

当与会者之间发生争执时，应由主持人出面劝阻。

在每位与会者发言之前，可由主持人对其略做介绍。在其发言的前后，应由主持人带头鼓掌致意。

当万一有人发言严重跑题或言辞不当时，主持人则应及时地转换话题或圆场。

要以身作则，起示范作用

与会者在茶话会上发言时，表现必须得体。在要求发言时，可举手示意，但同时也要注意谦让，不要与人进行争抢。不论自己有何高见，打断他人的发言都是失当的行为。在发言的过程中，不论所谈何事，都要使自己语速适中，口齿清晰，神态自然，用语文明。在肯定别人时，一定要实事求是、力戒阿谀奉承、提出批评时，态度要友善，切勿夸大事实、讽刺挖苦。与其他发言者意见不合时，要注意"兼听则明"，并且一定要保持风度。切勿当场对其表示出不满，或是在私下里对对方进行人身攻击。这一点，主持人更要以身作则，起到示范作用。

第五章 舞　会

1. 舞会类型的选择

随着时代的发展，舞会这种轻松、愉快的社交性聚会越来越受到职工群众的欢迎。事实上，在当今社会中，舞会是号召力最强、受欢迎程度最广的一种文娱活动。它一般以参加者自愿相邀共舞为主要内容。在舞会上，职工群众在优美的乐曲、美妙的灯光衬托下，可以自娱，从容自在地获得自我放松；又可以娱人，联络新老朋友，以进一步扩大自己的社交面。

筹划阶段

这个阶段的主要任务是确定舞会类型。主要有以下几类舞会：周末舞会、公共招待舞会、婚礼舞会、生日舞会。

周末舞会

劳累了一周以后，职工群众期待着一次积极、彻底的放松。举办周末舞会不失为一种好形式。周末舞会的显著特点是简单、轻松、方便、气氛活跃，重在一种轻松、舒适、和谐的氛围。

公共招待舞会

一个单位组织，若来了访问团或来宾，或者为了纪念某个节日，如元旦、春节、三八妇女节、五一劳动节、五四青年节、十一国庆节等，一般都会以舞会的形式以示欢迎或庆贺，这便是公共招待舞会。这类舞会以单位团体、组织出面举办，对场地要求不甚严格，但也不可草率从事、马虎凑合。

婚礼舞会

随着观念的更新，集体婚礼这种形式越来越为年轻人所接受和喜爱，婚礼舞会这种庆典形式也越来越普遍。

一般婚礼舞会有两种：一是新人结婚的庆典舞会；二是为婚龄较长的夫妇举行的纪念性婚礼舞会。

结婚是一生的大事，举办婚礼舞会，举办者不可掉以轻心，必须郑重谨慎、周密细致。

生日舞会

生日舞会一般可分两种：一种是为高寿的职工群众祝寿；另一种为青年职工群众过生日而举办的欢庆聚会。前一类舞会，要体现雅致、祥和、喜庆的氛围；而后者要体现出年轻人活泼、欢快、朝气蓬勃的特征。有条件的话，还可举行篝火舞会。

2. 舞会的筹措和准备

一场舞会的成功与否，取决于组织准备工作做得如何，当然也受参加的职工群众自身素质和临场表现的影响。

确定举办时间

举办一场舞会，首先要选择适宜的舞会开始时间，并确定舞会的具体时长。后者要考虑两个因素：一是不能影响休息，不能令参加者过度疲劳；二是不能有碍于职工群众的工作和生活。

选择举办场地

选择一个合适的舞会场地，对办好一场舞会也是十分重要的。一般来说，选择场地要考虑参加舞会的人数及交通、安全等问题，还要注意考虑场所的档次与氛围是否适宜举办舞会。

若为周末舞会，租用单位的食堂、俱乐部等作为舞会场所，不失为一种经济实惠的好方法。

布置舞厅

（1）地面

舞会场地的地面务必干净平整。

（2）灯光

灯光不宜过亮，也不宜过暗，以柔和中有变化为准，要与乐曲相配。例如：放迪斯科乐曲时，宜配恰恰速旋转灯光，以显示青春动感；而放"慢三"等舞曲时，宜配慢速投射式旋转灯光，以显示高雅的浪漫情调。

（3）音响

音响需认真调试，音量要适中。

（4）休息区

休息区一般设在舞厅四周。因此，舞厅四周要放置足够的桌椅，有条件者还可配装饰，如在桌几上放一枝鲜花、一盘蜡烛等，也可放些瓜果零食，供参加舞会的职工群众在舞会期间休息时食用。

（5）舞厅空中

舞厅空中可用彩色灯串围成圈，或可用彩带、彩球装饰，以更好地体现舞会主题。

舞会参加者的组织

对于一般的职工群众，可以张贴海报或广播通知等形式告知。注意要采取措施，以保证舞会参加者男女比例大致相当，使舞者尽兴。

对于舞会的尊贵来宾，要以邀请的形式，至少提前一周正式通知其本人，以便被邀请者早做安排。

确定舞会主持人

若是较正规的舞会，需一位经验丰富、具有组织才能的人担当主持人。一般情况下，由男女两人担任主持人。

主持人的任务是宣布舞会开始，介绍来宾，控制、调节舞厅内的情绪等，以保证舞会始终在欢快、热烈的氛围中进行。

若是周末舞会，也可不设主持人。舞厅的氛围则由一支接一支的乐曲来调节。

组织好后勤服务

最好成立一支服务队伍，专为到会来宾、舞者服务，如迎送宾客，为与会职工群众提供茶水、点心、瓜果等。

舞者的必要准备

（1）仪容方面

注意个人卫生：伤风、感冒或有传染病者自觉不参加舞会；注意仪容仪表，等等。

（2）服装方面

以干净、整齐、美观、大方为准。有条件的话，可穿格调高雅的礼服；不可戴帽子、墨镜入场；不可穿拖鞋，最好不穿凉鞋、旅游鞋等。

3. 舞会的进行和结尾

选择舞曲

舞曲是舞会的导向和灵魂。在选择舞曲时，一般要根据与会职工群众年龄特点和舞会的主题。若参加者多为老年、中年职工群众，则乐曲要舒缓、优美，多准备些慢四步、慢三步乐曲，也可适当穿插一些探戈、中四步等轻松活泼的舞曲。若舞会主题是庆祝五四青年节，或参加者多为青年职工，则可多采用一些动作幅度大、节奏快的舞曲，如快三步、快四步、伦巴等。还可以点明某舞曲的特殊意义，如由主持人或歌手点明"谨以此曲献给……"将给与会者留下美好的记忆。

一般来说，舞曲的选择与播放要遵循以下四条原则：

①从众，即符合与会大多数职工群众的需要、一般选择受众人喜爱的舞曲；

②交错，曲目安排应快慢结合、起伏交错；

③适量，最好在舞会开始之前确定播放曲目，较正规的舞会最好备有曲目单，让到会者心中有数；

④依例，舞会的曲目安排还有一个约定俗成的惯例，即以《一路平安》为最后一支舞曲，此曲一响，等于向与会职工群众宣布"舞会到此结束，大家可以解散了。"

邀舞礼仪

①通常由男士主动邀请女士共舞，不过女士可以拒绝；女士也可邀请男士，但此时男士不能拒绝。在较正规的舞会上，尤其是涉外舞会上，同性之人切勿相邀共舞。

②邀请姿势应文明、大方、自然，讲礼貌，千万不要勉强，更不可与他人抢夺舞伴。若想邀的舞伴有约在先，要遵守先来后到之顺序，找下一次机会再邀。

③在一次舞会上，一般一对舞伴只宜共舞一支曲子。切忌盯牢一人不放。第一支舞曲，男士应邀请与自己一同前来的女士共舞；结束曲时，也可再邀其共舞一次。

④男士应依次邀下列女士共舞：舞会女主人、被介绍相识的女士、旧交的女伴、坐在自己身边的女士。注意应向女士的舞伴致意，表示礼貌。若女士被邀，同来的男伴最好也回邀该男士的女伴共舞一曲。

⑤一曲完毕，男士应向女士致谢，陪送回原来坐处，并向其男

舞伴示意后离去。切忌在跳完后不予理睬。

⑥若女士已拒绝与他人共舞，在一曲未终前，不宜再同其他人共舞。尤其不宜当着被拒绝者的面答应与其他人共舞。

拒舞方法

女士无故拒绝男士的邀舞是极不礼貌的。当实在不想与之共舞时，务必要注意态度和措辞，以免伤害邀舞男士的自尊心。

（1）首先，要起身告诉对方不跳的原因，向对方致歉，说上一声"对不起"或"抱歉"等。态度要友善、有礼。

（2）一般情况下，可以用以下几种方式婉言谢绝与对方共舞：

第一，我不会跳这种舞；

第二，我不喜欢这支曲子；

第三，我不想跳这支舞；

第四，我累了，想休息一会儿；

第五，已经有人邀请我了。

跳舞规矩

①步入舞池时，应女士在先男士在后，由女士选择起舞的具体方位。

②在整个跳舞合作过程中，应男士带领在先、女士配合在后，两人一起合作按逆时针方向进行，以保持舞池内的正常秩序。

③当有乐队伴奏时，一曲舞毕，男女双方均应先面向乐队立正鼓掌示谢，然后离开。

④舞姿应端正、大方、活泼，身体应始终保持平、正、直、稳，面带微笑，说话和气，声音要轻细。不宜将舞伴握得或搂得过紧。

⑤注意与另外跳舞之人保持适当的距离。若不小心碰撞或踩到了别人（包括另外跳舞之人和舞伴），应向对方道歉。若他人因此向自己道歉，则要大度地向对方表示"没关系"。

交际原则

（1）碰上老朋友、老熟人

若碰上老朋友、老熟人时，要争取邀请对方跳上一曲，或者也可邀请其舞伴共舞一曲，并尽量抽空找对方叙上一叙。

（2）结识新朋友

①通过两种方法结识新朋友：第一，自我介绍或通过邀舞相识；第二，请别人代为介绍。

②交流时间不宜过长，也不宜打探对方的个人隐私，胡说八道，更不能伺机向对方提出单独约见的请求。若有意结识对方，可以在舞会结束后适宜的时机里，与对方联络，再做进一步了解。

结尾阶段

在这个阶段，作为主办者，要做的事情有：

①送客；

②打扫舞厅；

③归还器材用具；

④其他事宜。

第六章　演讲活动

1. 筹划演讲的内容

演讲是宣传鼓动工作的一种形式。各级学校可根据宣传任务的需要，召开各种类型的演讲会，配合宣传工作，做好教师的思想政治工作。

一般来说，要举行一次演讲活动，首先要确定举办演讲活动的内容。也就是说，教师和学生围绕什么问题或中心来进行演讲。大致地，演讲活动可以分四类：宣传颂扬类、经验交流类、赞扬先进类、自我抒发类。

宣传颂扬类

主要是宣传方针政策和上级指示精神，颂扬党的领导，颂扬祖国的大好形势和人民群众所取得的伟大成就。

经验交流类

这类演讲与经验交流会相似，主要是介绍本单位或个人的工作经验、体会、收获。

赞扬先进类

主要是赞扬先进模范人物的感人事迹，用先进模范人物的事迹来打动人、鼓舞人。

自我抒发类

主要是通过演讲对某一事件的感受，抒发自己的情怀，使人从中受到启示和教育。

2. 准备演讲的材料

在确定举办演讲会后，主要任务是组织演讲人员准备好演讲材料。在演讲会前，还要对演讲材料进行审定，也可让演讲者先进行试讲，并提出修改意见。

演讲稿概述

演讲稿也叫"演说词"，是在群众集会上或会议中发表讲话的文稿。演讲稿是进行宣传和工作中经常使用的一种文体。由于演讲是面对面进行的一种宣传教育和交流形式,它能使演讲者和听众在时间、空间上紧密地结合在一起，富有说服力和感染力。

演讲稿的一般要求

写出好的演讲稿是演讲获得成功的基本保证。

第一，必须首先明确演讲是讲给什么人听的，要讲些什么内容，这就需要我们了解演讲对象。了解演讲对象有两个方面：一是要了解听众是哪些人，他们的思想状况、文化程度、职业状况如何；二是要了解听众的心理、愿望和要求，特别是他们所关心和迫切需要解决的问题是什么。

第二，一篇演讲稿要有一个主题，而且主题要鲜明。一篇演讲稿要有个主题是指演讲内容要有一个中心，一个明确的观点和主张，道理要清楚。主题要鲜明是指演讲稿的全篇必须紧紧围绕这个中心展开说理，努力使这个中心鲜明突出，这样才能使听众产生深刻的印象。怎样使主题鲜明？演讲者对主题的反复申说、一再强调是一种方法，但更重要的是以动人的事例来展开说理，这才能把我们要讲的主题在听众头脑里鲜明起来，给听众留下深刻的印象。

第三,演讲时还应有深厚的感情，只有这样，才能打动人、感染人，才能有鼓动性和教育作用。深厚的感情来自演讲者的情感，没有强烈的热爱祖国、热爱人民、热爱党等感情，在演讲中是表达不出这种情感的。

第四，在写演讲稿时还必须在表达上注意感情色彩，把说理和抒情结合起来。对整篇演讲稿来说，应该既有冷静的分析、富有哲理的概括，又有热情的鼓动、感人的抒情。在演讲的时候将这些感情尽情地抒发出来，使听众与演讲者产生感情交流、思想沟通，激励人们努力前进。

演讲稿的语言

演讲稿特别要注意通俗、生动。

（1）通俗

演讲是给别人听的。要让人家听清楚、听明白，必须首先要注意用通俗易懂的语言，避免使用晦涩难懂的术语和外来、陌生的字眼。

（2）生动

演讲稿在表达上还要生动，把抽象的道理具体化、把概念的东西形象化，要讲得有声有色，使听众不但不感到枯燥乏味，而且留下鲜明而深刻的印象。要做到这些，必须从以下几方面努力。

①朴素。话要讲得生动，就要少用形容词，说得朴素一点。

②形象。使用形象的语言来表达抽象的概念和道理，能增加演讲的生动性。这样，听众既乐于听又容易理解。好的演讲总是注意运用形象的语言。

③幽默。幽默是一种影射、讽喻、双关的修辞手法。在讲演中，适当地运用幽默的语言能增加演讲的生动性，引起听众的兴趣。

④警句。警句是简练而含义深刻的语句。善于创造警句，或运用现成的警句，能增添演讲的生动性，并发人深思，产生激动人心的效果。许多成功的演讲，在语言的表达上都是很注重运用警句来加深说理和鼓舞斗志的。

演讲稿的具体要求

（1）主题明确

在起草演讲稿之前，先要明确演讲稿的主题思想，即表达的中

177

心思想是什么、要达到什么目的、收到什么效果；再要反映演讲者的立场和观点，即肯定什么、否定什么、主张什么、反对什么。

（2）材料充分

如果只有几条抽象的道理，演讲是永远也不会生动的。不生动的演讲是不能吸引听众的，也起不到启发教育和感染作用。

（3）结构明晰

一次演讲，听众如坠入云雾之中，听不出所以然来，就收不到演讲的效果。合理地、有机地、巧妙地组织素材、运用素材，由浅入深、由表及里地分析和阐明观点，这是准备演讲的重要一环。

（4）概括富有哲理性

一篇演讲稿，不能从头到尾都是理论上的阐述，还要加以集中概括，使观点更加鲜明。而这种概括必须用哲理的语言，这样不仅形象生动，而且给听众的印象比较深刻。在演讲稿中，这样的哲理性概括要有几处。在阐述每个观点之前、之后或演讲中间，都要有这种概括。

3. 选择演讲的题目

演讲题目是一场演讲的定音之弦和第一印象。它涉及演讲的整体布局，关系到是否能吸引听众，并自然地引出下文。

陈述式标题——要言不繁，朴实得体

用质朴、洗练的语言，简洁粗犷的线条，精炼的概括来表述演讲的题目。这类标题虽然没有多少修饰、渲染，却收到了很好的效果。

提问式标题——巧妙设问，引起共鸣

提问式标题，可以在一开始就抓住听众的注意力。运用设问进行命题，往往很能吸引听众。

对比式标题——对比鲜明，通篇生辉

对比式标题是将两种截然相反的东西并列在一起，以假恶丑衬托真善美，使真善美更真、更善、更美，从而产生了爱在辞内、情溢辞外的奇效。

总结式标题——乘一总万，举要治繁

总结式标题可采用凝炼精辟的格言式语言，哲言隽语，沁人心脾。

悬念式标题——含而不露，神与物游

悬念式标题是运用伏笔制造悬念，引而不发，撩拨听众的思绪。听众只有认真听下去，才能知个中奥秘。

引语式标题——引言入题，联璧其章

引语式标题是从演讲的主题中浓缩出的闪光的警句，辞以情发，情随景适，使主旨光彩夺目，同时又使演讲蕴意非凡，别开生面，令听众深受感染、启迪和鼓舞。

4. 讲究演讲的技巧

演讲的形象及仪态

（1）镇定

登台演讲的职工群众要善于控制自己，做到沉着冷静。演讲会的组织者一定要做好演讲者的工作，打消他们的紧张情绪。

（2）真诚

演讲要有真情实感。演讲者的情绪要随着演讲稿的内容起伏，以调动听众的情绪。

（3）形象

在演讲时，语言要形象生动，引人入胜。要寓理于形、寓情于形，通过人物形象说理，运用形象的语言抒情。

（4）幽默

在演讲时，多用丰富生动、表现实际的语言，要有幽默感，这样才不致使听众感到枯燥无味。

（5）大方

演讲者本人要做到声音响亮、精神饱满、服装整洁、动作自然、落落大方。

演讲的感情传导方式

作为一种口语表达的社会实践活动，演讲不仅以其深刻的议论性给人以启发和教育，而且以其强烈的抒情性给人以感染和激励。整个演讲过程充满了演讲者对听众的情感传导。这种传导，是演讲者有声语言和态势语言承载的情感信息，通过听众的感知、联想、体验并引发共鸣来实现。它是演讲者和听众之间心与心的相互沟通、情与情的彼此交融，无疑也是强化演讲效果的一条重要的心理途径。演讲的成功经验表明，进行情感传导，不可忽视以下的一些基本方式。

（1）呼召式

所谓"呼召式"，是指在演讲激动处，使用热烈的呼语直接感召听众。这种表述方式，可以集中情感指向，强烈刺激听众的心理情绪，从而达到情感传导的目的。将这种传导方式用在演讲结尾处，往往能够产生巨大的感染力量。

（2）变称式

变称式是指在演讲需要时，换用变化的人称，直接鼓舞听众。这种表情方式，可以调整情感意向，迅速缩小与听众的心理距离，从而发挥情感传导作用。这种传导方式，用在演讲过程中，同样能够加强演讲者和听众之间的情感联系。

（3）激问式

激问式是指在演讲过程中，运用激烈的提问，直接触动听众。这种表达方式可以强化情感导向，不断启动听众的情感思维，从而获取情感传导的效果。这种传导方式用在情绪激昂时，无疑能够增强激动人心的现场气氛。

（4）祝愿式

祝愿式是指在演讲活动中，采取真诚的祝愿，以直接激励听众。这种表情方式可以明确情感方向，自然引发听众的情绪感应，从而产生情感传导的效果。将这种传导方式用在演讲高潮处，常常会收到强烈的抒情效果。

演讲开场白设计

演讲开场白的优劣，有时直接关系一场演讲的成败。严肃认真的演讲者，总是认真对待演讲的开头。无论是一个出乎寻常的举动，还是发出几声感叹，或是几句简短的开场白，都力图和听众的心挨得近些，扣动其心弦，使其感到演讲者可亲、可敬、可爱。

怎样使演讲一下子扣动听众的心弦呢？

（1）提问式开场白

提问式开场白也叫做"问题引路"，即一上台便向听众提出一个问题，请听众和自己一起思考。这种开场白可以立即引起听众的注意，使他们一边迅速思考，一边留神听。这样，不仅有利于集中听众的思想，而且有利于控制场面。同时，听众带着问题听讲，将大大增加他们对演讲内容认识的深度和广度。

（2）悬念式开场白

悬念式开场白也叫"故事式开场白"，即开头讲一个内容生动精彩、情节扣人心弦的小故事，或举一个触目惊心的事实来制造悬念，使听众对故事发展和人物命运深表关切，从而吸引他们仔细听下去。这种开场白吸引力极强。

（3）"套近乎"式开场白

根据听众阅历、兴趣爱好、思想感情等方面的特点，捕述自己的一段生活经历或学习、工作中遇到的问题，甚至讲自己的烦恼、喜乐。这种开场白容易给听众一种亲切感，他们会自然而然地把你当成"自家人"而乐于听你演讲。

（4）赞扬式开场白

在开场时说几句赞扬性的话。人们一般都有爱听赞扬性语言的心理，说几句让听众感到舒服的话能收到很好的效果。这种开场白可尽快缩短与听众的感情距离。

（5）新闻式开场白

新闻式开场白即一开讲就发布一条引人注目的新闻，以引起全场听众的高度注意。运用这种方式开场要注意两点：一是新闻必须真实可靠，切不可故弄玄虚，否则愚弄听众只会引起他们的反感；二是事件要新，不能用早已过时的"旧闻"充当新闻。

（6）道具式开场白

道具式开场白也叫"实物式开场白"，即开讲之前先展示某件实物，给听众以新鲜、形象的感觉，引起他们的注意。这种开场白能够一下子抓住听众的注意力，收到意想不到的效果。

（7）渲染式开场白

渲染式开场白是指运用形象的、充满情感的语言开头。这种开场白，能创造适宜的环境气氛，引发听众相应的感情，进而吸引听众。

（8）模仿式开场白

模仿式开场白模仿某个人的语调或动作姿态，使听众产生丰富的回忆和想象，有助于推动演讲的深入。在运用时，要注意内容、场所、听众心理、民族风格等因素的制约，要以讲为主，以演为辅，且要适度，否则会使人觉得华而不实，产生逆反心理。

演讲态势语

态势语在演讲中起着至关重要的作用。它是通过手势、姿态、眼神等不同变化来传情达意的非口语化的表述语。如何将态势语表现得优雅、灵活、适度、自然，是演讲者成功的必备素质。

（1）头

演讲者头部要端正，不要偏向一侧，像是端详某一听众。一般说来，头部直立表示自信、喜悦、自豪和威严；向上表示希望、请求、祈祷和祝愿；向下表示羞怯、谦逊、内疚或沉思；向前表示同情、倾听、期望；向后表示惊奇、恐惧、退让；左右摇摆表示否认、拒绝、不相信、不满意；点头表示同意、赞许、应诺。要注意避免无意义的摇摆。鞠躬时应从腰部弯起，使头部和上身一块倾斜，眼睛朝下看，整个动作要进行得缓慢、轻松。

（2）脸

演讲者脸部表情变化是运用态势语的关键所在。脸部表情变化能迅速、敏捷、准确、真实地反映情感、传递信息。不同的神色可以表现出忠告、怜悯、安抚、哀悼、威吓、嘲讽、懊悔、沮丧、喜爱、欢乐和愉快，也可以表现出屈从、让步或妥协。这种变化最能吸引观众。

在演讲者未开口之前，观众就从他的表情中得到了一定信息：演讲者的性格、气质、风度，甚至能推断他即将演讲的内容。

（3）眼

俗话说："眼睛是心灵的窗户。"透过眼神的变化不难领悟所含的情感。两眼向前注视表现勇气和决心；轻轻上抬表示高兴、希望、兴奋；眼神升起是乞求、尊崇和祝福；向下是羞愧、胆怯、谦卑、悔恨；向侧看是憎恶、讨厌、反感；两眼圆睁、眼珠滚动闪烁表现兴高采烈；半闭双眼则表现欢快幸福、喜不自胜；横眼斜视表示轻蔑、冷落；不予考虑时则眨着眼睛偏向一边。演讲者要将富于变换的眼神与演讲内容密切配合，充分发挥其表情达意的作用。如能正确运用，其效果是有声语言所不能及的。

（4）鼻

鼻子翘起时表示藐视、嘲弄；鼻孔张开时表示害怕和愤怒。

（5）嘴

嘴唇闭拢表示和谐宁静、端庄自然；半开表示惊讶、疑问；全开表示惊骇；向上表示喜悦、诙谐、礼貌、殷勤和善意；向下表示痛苦悲伤、无可奈何；不满意时撅着嘴；愤怒时绷紧嘴，有时也表示对抗或决心已定。

（6）手

手心向上表示风趣幽默、真率坦诚、积极、奉献、许诺；手心向下表示否定、抑制、反对；两手叠加表示团结一致、联合、一事依赖于另一事或是命运相关、休戚与共；两手分开表示分离、失散、消极；手心向外的竖式手势表示分隔、对抗、不相容的矛盾或互不同意的观点；握紧拳头表示挑战、精诚团结、一致对外、警告；称赞夸耀人时用拇指；轻视挖苦人时用小指；食指可以用来指明事物的方向；整个手指可列举事物种类，说明先后顺序；用两只手表示呼唤、召唤、感情激昂、声势宏伟、气魄豪迈、伟大理想、奋斗目标；举起双手是感谢听众的欢呼。

（7）脚

站立的姿势应自然、舒适，以两只脚成 45 度为宜。一只脚在前，另一只脚在后，相离的宽度要视演讲者的身高而定。膝要直，肩膀要平，额要正。避免跟着脚尖或频繁更换脚的位置。要使动作优美，最好是左脚在前时由右手做出动作，或是右脚在前时由左手做出动作。这种配合能够给人以平衡感。

（8）演讲者不良习惯动作

倾斜着身子、耸立肩膀、东摇西晃、抓耳挠腮、挖鼻子揉眼睛、频繁使用手帕；惊慌不安、六神无主、莫名其妙地傻笑、眼睛望着天花板、紧盯着讲稿或地下、不时偷看窗外或是眼光不停地从一处扫到另一处；两只脚前后摇动、两腿交叉站立、把脚踩到椅子上；手臂交叉又分开、手放在背后或伸进衣袋里，让钱币和钥匙叮当作响；当众解开又扣上纽扣、揉搓衣服、系领带、摸领针或是玩弄和卷起讲稿；手指摸裤带、用手伸进衣领去抓痒……

演讲时的应急处置

（1）当听众较少时

演讲者在进行演讲时，面对不多的听众，应该做到人多人少一个样，做到内容不减，感情不抑，情绪不低。即使只有几个人到场，也要认真地讲下去，这才是高尚的情操。

（2）当听到鼓倒掌时

在演讲场合碰到鼓倒掌，首先要分析一下产生这种现象的原因，而不能视而不见、置若罔闻，依然我行我素。如果是自己演讲过程中出现的错误造成的，如观点不正确、讲了错话、念了错别字，或者体

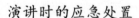

185

态动作失调，那就要立即纠正过来；如果是个别听众故意捣乱就不必惊慌，而要表现得更加庄重和老练，只管沉着地往下讲。

（3）当有人对你的观点不理解或不同意时

一般来说，可以采用如下办法进行处置：如果自己讲的观点有漏洞，甚至有错误，那就虚心接受，诚恳改正；如果对方的问题自己能够立即回答，就心平气和地加以解答；如果对听众提出的问题不能立即答复，就应该坦率地说明自己还没有想通、弄懂，而不必不好意思；如果自己对提出的问题已经做了比较圆满的回答，对方仍然不能心悦诚服，也不必强求对方立即接受，应允许其暂时保留意见；如果有些人想借机发泄自己的不满情绪，散布错误言论，那就当即予以批评。

（4）当演讲时间临时改变时

应付这种情况的最好办法是，演讲者对自己演讲的内容能达到"滚瓜烂熟"的程度，并养成良好的处事心理素质。做到提前演讲不心慌意乱、推后演讲不心灰意懒；演讲时间长不失其恢宏，演讲时间短不丢其精妙。

（5）当收到纸条时

最好潇洒自如地把纸条打开工整地放在讲桌的一边，不要中断讲话去专门看纸条，而要利用讲话的间隙时间去瞟视。这样做，不仅可避免打乱自己讲话思路引起听众的不满、分散听众的注意力，而且可给写纸条者一种"被重视"的感觉。对于纸条上提出的问题，如果这些问题在下面的演讲内容中，待讲到这些内容时，联系起来就可以了，当然需要加重语气，针对性更强一些；如果纸条上的问题刚才已经讲过了，但没有讲清、讲透彻，就可以把它放在小结时或其他适当的时候，进一步讲清楚；如果纸条上提的问题你事先有准备，这时能够现场作答，那就可以巧妙地把它加到某个地方；如果是属于不同意见或自己一时还没想明白，就放到会后处置。

（6）演讲者怯场的处理方法。运用"心理战术"，学会自己给自己"壮胆"，从而提高演讲的自信心。要提高演讲者对自身的认识和评价、增强演讲者的自信心，就必须纠正他对待听众的态度。在演讲前充分发掘和肯定自己的优势和长处，使自己对演讲充满信心，将这种心理状态一直保持到演讲结束。当然，演讲者在思想上首先要高度重视，做好充分的准备工作，包括对听众的调查和研究，以及对演讲内容的熟练掌握。这样才能从精神上彻底放松自己。

演讲的语调艺术

演讲除了要求内容吸引听众以外，还要求音色的优美和语调的富于变化。音色是先天的，但语调完全可以通过学习和练习达到最完美的境界。语调贵在变化，通常所说的"抑扬顿挫"也就是富有变化的意思。只有富于美感的变化才能使听众保持注意力。

语调的变化有高低变化、轻重变化、快慢变化、停顿变化等几个方面。

（1）语调的高低变化

语音高低主要是指整个句子的高低变化，也就是句调。所谓"高声说"和"低声说"就是指句调。句末升降之所以是次要的，是因为它是在句调的基础上形成的。

（2）语调的轻重变化

关于语调的轻重变化，找准重音是关键。重音按范围大小不同可分为词重音、句重音、段重音等；如按重读原因来分，可分为语法重音和强调重音。语法重音是按照语法要求所重读的部分，强调重音是演讲者刻意强调或为表情需要所重读的部分。它可以是词素，也可以是词、句子，甚至可以是段。

（3）语调的快慢变化

语调的快慢就是语速。它是由音长和停顿两个因素决定的。音节长且停顿长则语速慢；音节短且停顿短则语速快。

（4）语调的停顿变化

停顿指词素与词素之间、词与词之间、句与句之间、段与段之间为表达需要而刻意保留的沉默。它是语音中的"休止符"，其效果是此时无声胜有声。停顿内容包括是停还是不停、停得长还是停得短。短之极为无，所以不停——也就是"连"，这也是停顿的一项内容。停顿也分为语法停顿和强调停顿。

（5）语调要素

语调的音高、音强、语速、停顿这几种要素在口语表达中是密切联系、互相配合的。比如，在悲伤时，音高降低，语速放慢，停顿加大，音量缩小。语调诸要素在语音实践中的组合是有一定规律的，把语调的要素按正负极分开：一般讲，心情激动时采用正极，心情平静时采用负极；高兴时采用正极，悲伤时采用负极；演讲高潮时采用正极，演讲低潮时采用负极。这就是语调诸要素组合的一般规律。不过，任何规律都不是绝对的。

第七章　演唱比赛

1. 选择比赛类型

演唱比赛的类型很多，有单项性的，也有综合性的。其形式多种多样，有流行歌曲大奖赛、戏曲比赛和革命歌曲比赛等。这要根据举办单位的具体需要来决定。一般的类型有以下几种。

单项性大赛

单项性大赛有京剧、越剧、沪剧、粤剧、评剧、黄梅戏等。

综合性大赛

综合性大赛是由几个剧种或各种演唱形式综合在一起一次性进行的大赛。

2. 组织演唱比赛

演唱比赛的组织工作都是综合性的，事务性很强、工作量很大。一般要制订方案、组织工作队伍、宣传报道、发动报名、组织比赛、总结交流及评选发奖等。

制订方案

要组织好一场演唱比赛，必须制订一个演唱比赛的最佳方案。它包括举行比赛的指导思想、目的要求、工作队伍、比赛方法、时间地点、经费预算、奖励标准等若干事项。方案得到领导部门批准后，将成为进行比赛工作的依据。

组织工作队伍

在比赛过程中，要组织一个精明强干的工作队伍。必要时可以与政府文化部门合办，共同组成比赛办公室，组织开展比赛活动。

宣传发动

为了扩大演唱比赛的影响，需要做好宣传发动工作。一般可采取张贴海报、报纸和电台报道消息、视频宣传、向基层发放通知等方法，发动广大职工群众参加。宣传材料要将参加比赛的对象、条件、方法、日期等有关事项讲清楚。

组织比赛

根据报名的人数进行分组编排场次。在编排时，综合大赛可按剧种分组,单项比赛可按角色分组。比赛一般以清唱为主,演员化淡妆。比赛时一定要有一个小型乐队配合演出。

比赛分预赛、复赛两个阶段，最后进行决赛，评选出若干得奖名次。

3. 做好比赛评比

评比工作是一项比较复杂、细致的工作。在正式比赛前，要成立评选委员会或评选小组。最好邀请一些有权威的专业工作者做评委。

评比时可用打分方式。评比人员要认真负责地工作，进行公开报分。评分应根据演员的唱腔道白、表演技巧、台风进行初评、复评。有必要的话，也可以设立观众评比台，发动职工群众评比。最后，举行颁奖大会。

第八章 知识竞赛

1. 知识竞赛活动的筹划

制订赛事方案是策划知识竞赛活动的一个非常重要的环节，它关系着竞赛活动的成败优劣。因此，我们在制订赛事方案时，应尽量考虑得全面、细致。一般来说，知识竞赛活动方案应主要包括以下内容。

明确竞赛目的

明确为什么要举办这次知识竞赛，要达到什么样的效果。

确定参赛范围

应根据举办知识竞赛的类型和活动的目的来确定参赛人员范围。参赛范围是包括本系统行业的所有单位的赛手，还是限定在学校、班级的赛手，都应该在赛事方案中明确。

确定竞赛的时间和地点

竞赛的时间和地点的选择应该以尽量不影响本单位的教学工作为原则，如竞赛时间一般安排在工作之余或者节假日。竞赛活动可以在本校会议室或者在大礼堂内举行。

制订赛题

竞赛题目内容范围一般包括：题目的类别、多少、必答题、选答题、抢答题、文字题、图画题、录音题、录像题及相应的竞赛要求等。在上述范围内，可以采取多种赛题结合的方式，避免形式单一。

规定参赛方式

主办单位可以根据实际需要确定知识竞赛活动的参赛方式。参赛方式分为：笔答、口答；两组对抗赛、多组对抗赛；预赛、复赛、决赛；选拔赛、任意赛等。

竞赛规则

竞赛规则可以根据实际情况灵活确定，如时间的限制、人员的要求、赛场的纪律等都可以灵活处理。

聘请评委

聘请评委的标准是：办事公正，在群众中威信高，有丰富的文化知识和评判能力。

确定观众范围及人数

确定观众范围及人数的主要依据是竞赛活动的目的及场地的大小。

确定邀请的人物

有时，为了增强竞赛活动的隆重、热烈气氛，可以邀请上级部门或本单位的领导参加。被邀请的领导可参与诸如揭晓竞赛活动名次、给取得优异成绩的参赛者颁奖、进行总结讲话等活动环节。

2. 知识竞赛活动的准备工作

选择主持人

开展知识竞赛活动，其中主持人的作用是十分重要的。通常，能否选择出一位出色的主持人，在很大程度上决定了一场知识竞赛活动的举办水平。知识竞赛活动主持人的选择标准至少应包括以下几个方面：

①公正无私，按规则办事，要有善于控制比赛场面的能力，要既能给领先方以鼓舞、给落后方以激励，又能使整个赛事气氛融洽、热烈；

②有广阔、丰富的知识，有很强的记忆力与理解力；

③沉着冷静、机智灵活，口齿清楚；

④仪表端庄，体态适中，举止稳重大方，给人以可亲可敬的印象。

知识活动一般需要选择 $1 \sim 3$ 名主持人。其中一名是"正主持"，其余为"副主持"。之所以要分出正、副主持，是因为当竞赛评判遇到分歧时，以正主持人评判为最终结果。

选择赛事工作人员

举办一场知识竞赛活动，除了主持人外，还必须配备一定数量的其他工作人员。这些工作人员间的分工必须明确，工作要符合具体的要求，例如：要有人负责制作赛题及保管；有人负责联络工作；有人负责会场布置，安装灯具、音响、徽标，张贴标语；有人负责奖品购置；有人负责排定座位、维持现场次序；有人负责茶水杯具等。

确定竞赛内容

一般来说，知识竞赛活动的性质内容的有以下几种。

第一，为了结合学习马克思主义、毛泽东思想、邓小平理论和"三个代表"重要思想及党的路线、方针、政策所进行的知识竞赛。这类内容可以促进职工群众的政治理论学习，提高思想政治水平，加深对党的路线、方针、政策的理解。例如，以构建社会主义和谐社会为主题的知识竞赛。

第二，结合专项教育进行的有关知识的竞赛。例如，以增强安全生产意识为主题的知识竞赛，以学习奥运知识为主题的知识竞赛等。

第三，结合业务学习进行的有关业务知识竞赛。例如，组织工会干部进行以平等协商、集体合同为主题的知识竞赛活动。

竞赛场地的选择与布置

选择知识竞赛场地要注意以下几个问题。

第一，场馆的容纳量应是实际参赛人员与观众所占面积的总和，另外再预留一部分机动坐席。场馆要求安静、明亮、清洁、通风。

第二，选择场馆宜就近，可以节约大家的时间，方便比赛。坐席设置有以下两种基本方式可供选择。

①砚形设置法。这是当前常用的一种方式，即安排参赛人员坐于赛台前，观众面对参赛人员坐在赛台另一侧，参赛人员与观众应保持一定的距离。主客分明，现场显得井然有序。

②环形设置法。即参赛人员和竞赛活动主持人一律居于场馆中心，而观众则环形就座于四周，参赛人员、活动主持人与四周观众保持适当距离。这种设座法的好处是参赛人员与观众更为贴近，气氛更为融洽热烈。

3. 知识竞赛活动的正式举行

通常，主持人要按照下列程序主持竞赛活动：

①宣布知识竞赛活动正式开始；

②宣读出席本次赛事的有关领导、邀请的嘉宾、赞助单位及其他出席人员；

③宣读参赛单位、各单位参赛成员名单、各参赛单位编号等；

④宣布评委名单、职称、序号等；

⑤宣布竞赛规则；

⑥在整个竞赛中宣布各参赛队的得分或去分情况；

⑦宣布各参赛队最后成绩及名次；

⑧请有关领导为获胜队颁奖；

⑨宣布竞赛活动结束。

另外，在知识竞赛结束后，活动的主办方可请有关领导、参赛成员和主持人一起，围绕本次竞赛活动的举办情况交流意见，总结成功的经验，为以后的知识竞赛活动提供有益的借鉴。